U0593960

# 武术教育教学模式多元化研究

马东成　著

全国百佳图书出版单位
吉林出版集团股份有限公司

**图书在版编目（CIP）数据**

武术教育教学模式多元化研究 / 马东成著. -- 长春：
吉林出版集团股份有限公司，2024.8. -- ISBN 978-7
-5731-5662-4

Ⅰ．G852.02

中国国家版本馆 CIP 数据核字第 202418X2Q2 号

# 武术教育教学模式多元化研究

WUSHU JIAOYU JIAOXUE MOSHI DUOYUANHUA YANJIU

著　　者：马东成

责任编辑：沈丽娟

技术编辑：王会莲

封面设计：豫燕川

开　　本：787mm×1092mm　1/16

字　　数：137 千字

印　　张：10.25

版　　次：2024 年 8 月第 1 版

印　　次：2024 年 8 月第 1 次印刷

出　　版：吉林出版集团股份有限公司

发　　行：吉林出版集团外语教育有限公司

地　　址：长春市福祉大路 5788 号龙腾国际大厦 B 座 7 层

电　　话：总编办：0431－81629929

印　　刷：吉林省创美堂印刷有限公司

ISBN 978-7-5731-5662-4　　　　　**定价：62.00 元**

# 前　言

在长期的演化与发展中,武术形成了集健身、防身、养身于一体的独特锻炼功效,是一项很好的全民健身和终身体育运动。作为内涵丰富、博大精深的中华优秀传统文化以及独具风格的传统体育运动项目,以其强身健体、养精益神、陶冶情操、锻炼意志的实际功效,吸引了众多体育爱好者。它不仅成为我国广大人民群众喜欢参与的运动项目,而且深受世界各国人民的喜爱。在长期的演化与发展中,武术形成了集健身、防身、养身于一体的独特锻炼功效,是一项很好的全民健身和终身体育运动。作为内涵丰富、博大精深的中华优秀传统文化以及独具风格的传统体育运动项目,以其强身健体、养精益神、陶冶情操、锻炼意志的实际功效,吸引了众多体育爱好者。它不仅成为我国广大人民群众喜欢参与的运动项目,而且深受世界各国人民的喜爱。

中国武术是我国传统文化宝库中的一颗璀璨明珠,中国武术的传承和发展对推动我国传统文化的传承和发展有深远意义。从本质上来说,要想使置身于全球化背景下的中国武术以更快的速度传承与发展,就必须深刻认识和剖析全球化背景给中国武术发展带来的机遇和挑战,同时系统性梳理中国武术传承与发展概况,从而探寻中国武术在全球化背景下的传承和发展路径,夯实中国武术以更快速度在世界范围内广泛传承和发展的理论基础。

本书条理清晰,内容精练,重点突出,选材新颖,具有实用性、综合性,希望通过本书能够给从事相关行业的读者们带来一些有益的参考和借鉴。在写作过程中,由于水平有限,书中难免存在很多不足之处,恳请各位专家和读者能够提出宝贵意见,以便进一步改正,使之更加完善。

# 目　录

# 第一章　武术基础理论

## 第一节　武术概述

### 一、武术的特点与作用

(一)武术的特点

不同的时代环境下,武术表现出的特点也是有所差异的。具体来说,主要表现在文化和运动方面。

1.武术的文化特点

(1)对和谐的价值观较为注重

我国现阶段发展的重要目标,就是建设社会主义和谐社会。而"和谐"这一思想则充分体现出了我国传统文化的精髓,能够深入影响打破民族文化的发展。这里所说的和谐,不仅包括人与人、人与社会、人与自然等方面,还包括自我身心的和谐,因此可以说,这里所说的和谐是多方面的和谐。通过分析和研究武术文化,可以得知我国的武术将"和谐"这一价值观念深刻体现了出来。具体表现为:在进行武术练习时,练习者要做到身心的合一,使身心的协调发展得以实现。

(2)将刚健有为的民族文化精神反映出来

刚健有为是我国重要的民族文化,"天行健,君子以自强不息"充分反映出了我国的民族文化。我国的传统武术文化将我国刚健有为的民族精神充分反映了出来。我国的传统武术不仅能够使练习者勇武顽强的精神得到锻炼,而且还能够使观赏者通过观看武术表演来达到震撼心灵的效果。通过武术锻炼,能够使练习者外柔内刚,在心态和心理上,都能够将刚健有为的民族文化精神体现出来。

（3）对形神兼备较为注重

武术的修炼历来对形神兼备较为重视，外部表现为"形"，内在的、心理的和精神的则为"神"，两者必须统一起来，才能够达到武术的最高境界。武术的所有的外在动作都是在内在的"伸"的支配下完成的，需要练习者"形""神""气""意"达到和谐统一。如果只有外在之形，那么所学到的各种武术动作只是皮毛，对武术的精髓是无法真正掌握的。形神兼备是武术的灵魂，如果不能做到形神兼备，则武术就会脱离其本质内容，这也不是真正意义上的武术。

（4）思维方式是对立统一的

我国传统文化对对立统一向来是比较重视的，其主张坚持整体性思维来看待事物，同时进行全面的分析。我国著名的典故"塞翁失马"，就充分体现出了这一思维方式。我国传统武术的各项动作技术讲求攻防的相生相克，对虚实的掌握、动静的结合等较为注重，这在一定程度上体现出了对立统一思维。另外，坚持对立统一就是从整体上认识和理解事物，我国传统武术的习练不仅对单个动作的衔接较为重视，同时对于整套动作的一气呵成也是较为注重的，对整体水平的提高持讲究的态度。

2. 武术的运动特点

武术有着较为显著的运动特点，可以将其大致归纳为以下几个方面：

（1）动作的攻防技击性

攻防技击性是武术最为基本的特点，正是因为这一特点，武术才得到进一步的形成与发展。为了进一步提高攻防技击性的规范性，在现代武术比赛中，要求运动者都要遵循相应的技击规则，使意外受伤情况得到有效的避免。武术运动的各种套路正是踢、打、击、摔等技击动作组合形成的。武术通常会通过增加一些不具备攻防意义的其他动作，来保持套路的连贯，为人们进行习练提供一定的方便，但是需要强调的是，技击动作仍是其核心内容。

（2）运动的内外合一

武术习练对形神兼备较为注重，具体到技术动作层面，就是要求练习者要具有内外合一的观念,从而进一步提升武术的技艺。具体来说,武术的"外"是外在的形体活动,"内"则是对人的精神、意识和气息的活动。要做到内外统一,就要求内外有机结合。内外合一是多方面的,其中,做到气息与动作的相互配合就是比较重要的一个方面。

(3)适应性较为广泛

我国武术有着多种多样的类型,且流派分立,形成了各自独特的武术风格。不同的武术类型其练习方法、武术技巧等方面也存在着一定的差异性,这就使得其不同年龄阶段、性别和体质的人群都能根据自身情况找到适合的武术项目。人们在选择武术运动项目时,要以自身的体质特点以及兴趣爱好为依据。另外,随着我国各界对于武术的重视程度的提高,为了使得武术与现代人们的健身需求相适应,很多适合人们日常习练的健身武术逐渐得到传播,这就为武术的进一步传播与发展奠定了较为广泛的群众基础。

(4)多种武术项目并存

经过多年的发展,我国如今的武术已经形成了众多的流派,拳种并立,体系庞杂,武术博大的内容体系逐渐形成。同时,这也在一定程度上使武术的管理难度有所增加。总的来说,造成我国多种武术并立发展的局面的因素主要有三个方面,即地域因素、社会经济因素、社会文化因素。另外,武术流派分立局面的产生,在很大程度上受到我国的经济、政治、文化等各方面的影响。当前,随着我国经济社会的不断发展进步,人与人、地区与地区之间的交流逐渐增多,各地的风俗习惯也在逐渐发生改变,这就为各武术派系之间的交流,我国武术体系的发展起到了积极的促进作用。

## (二)武术的作用

每个人对武术功能要求的侧重点不同。武术的作用,可以大致归纳为以下几个方面。

### 1.增强体质

武术运动在锻炼身体方面有着较为显著的作用,通过武术锻炼能够使个人的身体素质得到提高,同时使体质得到增强。长期从事不同形式的武术锻炼,能够对身体产生多方面的良好影响,经常进行武术锻炼,还能收到壮内强外的效果。比较具有代表性的是包括手法、身法、步法、腿法和屈伸、跳跃、平衡、翻腾、跌扑等在内长拳类动作内容,通过内在神情的贯注和呼吸的配合以及人体各个器官的积极参与,能够对人体的新陈代谢机能的良好发展起到积极的促进作用,特别是坚持基本功训练,能够使人体肌肉力量增强,肌肉、韧带的伸展性增强,关节运动幅度加大,柔软性得到有效发展。比如,长期进行太极拳的练习,能保持轻松愉快的情绪,并刺激身体促使内分泌物质保持适度的均衡。

### 2.防身自卫

习武的一个重要目的就是防身,这是武术锻炼者非常明确的道理。通过练拳习武,能够在使体质得到增强的同时,学习一定的攻防格斗技术,掌握防身自卫的知识和方法,从而使人体的灵活性和对意外情况的应变自卫能力得到有效提高。

### 3.娱乐观赏

娱乐观赏性也是武术重要的作用之一。武术运动的观赏价值很高,主要表现为:第一,观看套路表演、套路运动,其动迅静定的节奏美;第二,踢、打、摔、拿、跌巧妙结合的方法美;第三,内外合一,形神兼备的和谐美引人入胜。除此之外,搏斗对抗中双方激烈的争夺、精湛的攻防技巧、敢打敢拼的斗志,也在很大程度上给人一种美的享受和精神上的激励。群众性的武术活动讲究"以武会友",可以切磋技艺、扩大交往、交流思想、增进友谊,从而使人民群众的业余文化生活得到进一步的丰富。

### 4.培养良好道德情操

在进行武术锻炼的过程中,锻炼者能对自身的道德情操进行良好的培养。武术在长期的发展中,继承和发扬了中华民族重礼仪、讲道德的优秀传统。"习武以德为先",对武术练习历来对武德教育非常重视进行了生动形象的说明。尚武崇德的精神,能够使青少年尊师重道、讲礼守信、宽以待人、严于律己等良好的心理素质和高尚的道德情操得到积极的培养。

## 二、武术的文化内涵

### (一)武术与哲学文化

#### 1.武术的阴阳思想

阴阳是一对对立统一的矛盾体。向日为阳,背日为阴。阴阳规律是自然界固有的规律,整个世界就是阴阳对立统一运动的结果。

武术与阴阳学说的关系较为密切,先秦时期,就有了"顺阴阳而运动"思想的记载,武术技击中蕴含着阴阳学说,武术的进攻和防守都与阴阳变化有着一定的关系。《庄子》认为"且以巧斗力者,始乎阳,常卒乎阴,大至则多奇巧。"这不仅将武术的"奇巧"变化应遵循阴阳的转化规律和法则指了出来,而且还将"夫为剑者,示之以虚,开之以利,后之以发,先之以至"提出来,将在武术格斗中阴阳转化得当的一方能以奇巧制胜明确下来。

#### 2.武术的太极思想

"太极"一词最早是在《周易·系辞上》中出现的,其中记载:"易有太极,是生两仪。"其大意为:两仪即阴阳,太极以阴阳为内涵,衍生万物。

武术之中,太极拳是最能体现太极之道的,太极拳的拳理将太极思想中的阴阳辩证之法充分体现了出来,是中国传统太极文化在武术中的最好体现。太极拳大家认为,太极是世间一切的原动力,任何事物的发生、发展都蕴含着太极的变化,不管是宇宙还是人体都是如此。太极拳与太极图中的阴阳消长、转化规律是一致的。在练习太极拳的过程中,攻守双方臂膀组成环状,你进我退,粘连黏随,变化万千,这与彼阴吾阳、相互消长、交替变化的太极之道是相符的。从拳风上来说,太极拳动作圆活,招招式式不离圆弧形,动作之间圆转连贯、一气呵成,将太极之埋很好地体现了出来。

#### 3.武术的八卦思想

八卦学说有着悠久的历史,是一门庞大的思想体系,由太极衍生而来。有"无极生太极、太极生两仪、两仪生四象、四象生八卦"之说。八卦学说对万物之间的联系进行了肯定,其主要观点为:事物的生长具有其自身的规律性,并以这种规律性为依据来对事物的发展和走向进行推测,同时又把发展理解为各种矛盾趋向和谐与不断往复(递进式)的过程。

作为武术的重要组成部分,八卦掌与八卦学说关系紧密。八卦掌原名"转掌",其运动形式主要是绕圆走转,所绕圆圈正经过八卦的八个方位,又以人体各部位比对八卦,因此被称为八卦掌。八卦掌取象于数理,立体于八卦,八卦掌借用八卦的数术来对其拳技的层次和系统进行规范,以八个基本掌法比附八卦,以六十四掌比附八八六十四卦。解释八卦图形含义的基本理论,是"易理",其主要包括三种基本思想,即简易、变易、不易。八卦掌以"易理"为理论依据对拳技进行规范。

### 4.武术的五行思想

五行包括木、火、金、水、土五种物质。五行学说是古人认识宇宙、解释万物变化的一种学说。古人用类比法将自然界的万物进行了归类,并对万物之间相生(木生火,火生土,土生金,金生水,水生木)、相克(木克土,土克水,水克火,火克金,金克木)的相互关系与作用进行了阐述。

武术中以五行学说作为技击理论基础的比较具有代表性的是形意拳,它以五行学说为指导思想,在拳法中突出"阴阳五行生克制化"的变化规律。在形意拳的动作技法中,"劈拳属金、崩拳属木、钻拳属水、炮拳属火,横拳属土",并且各个拳法之间存在着与五行学说相对应的相生相克的关系。此外,五行拳的各种拳法对应人体脏腑,与人体生理功能关系密切。形意拳综合五行之说,有"形意合一""内外同化"之效。

除此之外,"天人合一"与"形神统一"也与武术有着较为密切的关系,是武术在哲学文化方面的体现。

### (二)武术与医学文化

传统中医文化和武术文化有着密切的关系,具体来说,即相互影响,相互渗透,相互融合。中医理论曾在很大程度上影响着武术理论及其流派技术,武术对传统医学理论进行了完整的吸收,并且逐渐形成了形神合一、内外兼修的养身思想和健身之道。

### 1.哲学思想一致

第一,中医用阴阳的理论对人体组织的属性、诊断病症的属性进行了归纳,同时,还将人体看成是一个有机统一的整体,以阴阳来对人体的生理变化进行解释,并且持有"人生有形,不离阴阳""阳病治阴,阴病治阳"的观点,将维持人体的阴阳平衡作为治病的根本原则;武术动作和拳理技法对阴阳的对立统一也是较为讲究的,强调内外合一,以内助外,以外促内、内外兼修、阴阳平衡。

第二,中医中最基础的理论就是五行学说,五行与人体五脏、五官、五味等相对应,讲究通过调整气血,补虚泻实达到"扶正祛邪"的功效;武术中的五行拳等权重,对于合理地运用五行相生的原理是较为擅长的,讲究水(肾)生木(肝)、木生火(心)、火生土(脾)、土生金(肺)、金生水的运化过程,通过相生相克的规律来进行技法的习练。

### 2.辩证方法统一

传统中医和武术在方法论基础方面是相同的,二者之间可以实现双向的渗透与融合。

第一,传统医学的建立是在以唯物主义元气论的哲学基础上实现的,其整体综合观与阴阳辩证观较为显著,认为"精""气""神"是人体三宝,且三者一体、互相依存、不可分割。

第二,传统医学对于从整体上把握对患者的医治,整体施治是非常注重的。而武术理论中的"六合",即"内三合"与"外三合"与传统中医的整体观是不谋而合的。从本质上来说,武术体系中的内三合、外三合与传统医学的指导思想是一致的。

第三,传统中医和传统武术都对机体与大自然的和谐统一较为讲究,对根据不同性别、年龄、体质、环境、气候等选择适合的医治方法或武术项目非常重视。除此之外,对壮内和培养真气以达到健内安外的理想强身健体的效果也是较为注重的。

## (三)武术与伦理道德文化

中国传统精神文化的各个领域,都染上了浓重的伦理道德色彩,从某种意义上看,伦理道德是我国传统文化的核心。我国传统伦理道德文化的内容主要包括四个方面:仁爱孝悌、重义轻利、真诚有信、谦和礼让。除此之外,智勇、自强、好学、勤俭、质朴等也是其主要内容。

中华民族的道德规范和传统美德,在加强个人修养方面发挥了重要作用,培养出了无数的贤良之士,塑造了为广大人民所共同追求的理想人格。而对于历代传承的中华武术,传统伦理道德对其习练者也提出了严格的要求,并形成了独特的武德文化。

所谓武德,是指从事武术活动的人在社会活动中所应遵循的道德规范和所应具有的道德品质。儒家思想则认为武德主要包含"仁、义、礼、信、勇"五方面。武德作为一种美德,一种社会意识形态,指导人们共同的武术生活及其行为的准则、规范,并渗透在习武者的思想和言行中。

武德对于习武者是非常重要的,其主要体现在武术的传授上。各门各派在挑选传人徒弟的时候都力主择人而教,只教品性正派的人,不教品性邪恶的人。而在具体传授武艺时,习武者也始终将高尚品德的培养放在第一位。为了培养高尚的品德,各拳种流派都订有自己的"门规""戒律",以此作为武德的标准。凡是持技欺人甚至为非作歹之人,轻则加以责备,重则逐出师门,更重者则予以严惩。[①] 概括来看,我国传统武术的道德标准有以下几条:忠于国家和民族、自强不息、诚信谦让、仗义济民。

当然,在武术发展的历史中,由于受古代文化思想的影响,武德内容也有其局限性。这就要求武术文化的继承要对传统武德进行深入的分析,对其中合理的成分进行集成,对过时的旧武德进行批判,从而树立起新的武德观。

## (四)武术与美学文化

中国古代美学文化的特质主要表现在四个方面,即中和之美、协调之美、和善之美以及和合之美。

我国武术是高度的力与美的结合,它是一项具有健身和艺术之美的

---

① 冯文杰.中华武术的现代传承与发展[M].北京:中国商务出版社,2018:62.

体育运动。具体来说,武术的美主要表现在技击、练气、形神、意境、节奏几个方面。

### 1. 技击之美

武术有着多种多样的拳种,动作也是千变万化的,但都是源于目的的实现而引起的愉快。换句话说,就是掌握了攻防格斗技术而引起的精神愉悦。可以说,这是最初的审美萌芽。后来,随着攻防格斗技艺的不断发展,逐步形成相当稳定的套路形式,使其既具有"技击"的特点,又与生命的自由活动形式相符合。人们观赏的对象,主要是积淀在技击中的人的智慧、才能、力量、灵巧、勇猛、坚强等。

### 2. 练气之美

传统武术的各派各家都对练"气"的重要性较为重视,并把"气"作为武术的根本。尽管武术各家各派对气的理解、赋予的含义及如何练"气"是有一定差异性的,但是,在练"气"是武功达于化境的基本条件方面却是一致的。气是人生命的根源,武术必须修炼人的生命根源——气。历代拳家通过内修练气,达到"元气充足",精神健旺、动作敏捷、发力沉实的效果,从而将生命力的刚健、充实充分显示出来,这本身就肯定了人的生命的自由活动就是美。武术对人的生命根基非常注重,进而得出宇宙的生命是生生不息的运动,因而它的运动形式成为人的生命的同构的表现,给人以美感。

### 3. 形神之美

传统武术对神形兼备、内外合一较为注重。其中,比较具有代表性的有:长拳中的八法,即"手、眼、身法、步、精神、气、力、功";南拳中的内练"心、神、气、胆",外练"手、眼、身、腰、马";形意拳的内外三合等。尽管各拳种对神形兼备的提法有一定的差异性,但是在注重内外运动符合生命的自由和谐运动,使内部意气的流动和外部神气鼓荡在运动中趋于和谐方面,它们是一致的。不仅如此,拳家们认为神是形的内蕴、灵魂,离开了神,武术特有的韵味就不存在了。

### 4.意境之美

传统美学范畴"意境",往往会被解释为文艺作品中所描绘的图景和表现的思想感情融为一体而形成的一种艺术境界。而从武术的角度来说,套路的形成与传统美学注重意境美关系密切。套路是按一定的价值取向和审美需要,将具有攻防意义的技击动作进行艺术加工,它要和演练者、编创者的情感、精神融合一致,从而达到"情境"交融,"情""技"交融,神形交融。此外,武术的意境美不仅在实际的演变过程中有所体现,而且也体现在动作的命名上。比较具有代表性的有:苍鹰捕食,大鹏展翅,将雄鹰气吞千里、力负千钧的雄伟气魄和坚忍不拔的英雄气概充分体现了出来,给人一种威猛雄健的感觉;白猿献果,猕猴攀枝则将闪展腾挪和巧妙轻灵充分体现了出来,给人以机敏灵活、轻松活泼的乐趣。

### 5.节奏之美

传统武术中阴阳二气的运化,赋予了武术运动鲜明的节奏感。节奏是武术运动,也是生命运动的一个极为重要的特征,而生命的规律同美的规律有着内在的、深刻的联系。"动如涛,静如岳,起如猿,落如鹊,立如鸡,站如松,转如轮,折如弓,轻如云,重如铁"[1]是对武术节奏美的形象生动的体现。在动静、起落、快慢、轻重、高低、刚柔的对立转化中将武术鲜明的节奏感展现了出来。

## 三、武术在高校的传承与发展

### (一)高校武术传承和发展中存在的问题

武术在高校传承和发展过程中,一些问题会不可避免地出现,具体来说主要表现在以下两个方面。

### 1.内容繁杂,拳种众多

中华武术有着悠久的历史,到目前为止已经经历了几千年的演变和发展。当前,武术流派众多,风格各异。每个拳派所包括的拳术和器械套

---

① 王国成.传统武术文化传承与发展研究[M].北京:华文出版社,2017:29.

路也有一定的差异性。由此可以看出,传统武术拳种众多,因此,这就对高校武术的课程设置提出了较高的要求,同时,这也是目前高校传统武术教学面临的一个亟须解决的重要问题。

### 2.教育人才匮乏

在新中国成立之初,对于体育发展采取的政策是:竞技体育优先发展。受此影响,中国的武术发展以竞技武术为主,武术的其他方面被忽略掉,没得到较好的发展。与此同时,这一时期对武术人才的培养也偏重于竞技武术人才。但是,随着武术的不断发展,这些竞技武术出身的教师不能使武术教学的需求得到满足,因此,我国高校武术普遍面临着专业教育人才严重缺乏的问题。

### (二)高校武术传承与发展问题的解决措施

以武术在高校传承和发展过程中出现的问题为主要依据,有针对性地提出了相应的解决方案,具体如下。

### 1.根据当地实际情况,注重实效

传统武术要在高校中有较好的发展和传承,首先需要做好教学的课程设置工作。具体来说,要根据各个高校所在地的实际情况和人们的喜好,选择与当地情况相符的、流传较为广泛的权重,来作为传统武术教学的内容,并在此基础上,根据学生的学习情况,进行适当的改造和调整,从而使学生能够接受,并且提高他们学习传统武术的积极性和主动性。这样,不仅能够取得较为理想的教学效果,而且还有利于我国的传统武术教学体系和内容的完善与丰富。

### 2.将学校与地方结合起来,加强武术人才建设

关于武术人才建设,可以采取两个方面的措施来加强:一方面,要使当地政府和教育主管部门进一步提高对传统武术组织者、管理者的重视程度,将他们的桥梁作用充分发挥出来,同时,要为当地高校和武术团体牵线搭桥,通过积极的措施来使二者之间的交流与合作进展顺利;另一方面,要有针对性地加强高校体育教师武术方面的业务培训,以此来进一步加深他们对武术中所蕴含的传统文化的理解,从而进一步提高他们在武

术教学的业务水平。除此之外,采取积极邀请当地武术优秀传人到学校传授技艺的方法,积极引进当地优秀拳种进入学校体育课堂,也能够使武术教学的不足得到一定程度的弥补。

### (三)高校武术传承与发展的基本途径

武术在高校中之所以能够得到较好的传承与发展,与其采取的合理的途径有很大的关系。具体来说,高校武术传承与发展的基本途径主要有以下三条。

#### 1.转变和革新陈旧的传统武术思想观念

由于受到封建思想的影响,武术具有显著的封闭性特点。因此,当时武术的传承和发展往往都是通过家传或族传的方式进行的,开放性欠缺。再加上中国古人对食物认识的条理性和逻辑性较差,无法确定固定的衡量标准,当时武术宗派化已经成为一种必然。由此可以看出,要想使高校武术得到更好的传承和发展,就必须增强武术的开放性。

时代在不断发展,中华传统武术也要紧跟时代脚步,不仅要高度重视中华民族的传统文化,同时还要使现代竞技武术与传统武术文化相互促进、协调发展,从而走上可持续发展的道路。除此之外,这也要求高校以及社会从业人员必须彻底地摒除对武术教育传承的不良观念和理解,使这种陈旧的观念得到转变,对中华传统武术教育传承中的精华进行有效的集成,从实际出发,构建出全新的、与现代武术发展实际情况相符的科学体系,树立起全新的武术教育传承观,从而为高校武术更好地传承与发展起到积极的促进作用。

#### 2.明确高校武术文化教育对"主阵地"的地位的传承

在高校中,武术文化教育传承"主阵地"地位的确定是非常重要的。具体来说,武术文化教育传承"主阵地"地位的主要方法和手段主要表现在以下三个方面。

##### (1)加大对武术教育的宣传力度

武术在高校中具有重要的教育意义,宣传的内容主要包括两个方面:一个是武术在学校体育中的地位和作用;另一个是武术的健身作用和文化教育价值。通过对这两个方面的大力宣传,能够使更多的人对武术的重要性有进一步的认识,同时,还要将其作为学校教育的一个重要教学内容,从而更好地发展和推广高校武术。

(2)加强高校间的交流与合作

武术在高校中的良好发展,与高校校内与校际传统武术的交流与合作的促进和"催化"作用有着不可分割的关系。作为我国传统的优秀体育项目,武术运动已经成为各高校运动会中的重要比赛项目。因此,为了使武术运动在学校教育中的地位进一步加强,对传武术在学校教育中的发展起到积极的促进作用,需要采取两个方面的措施:一方面,通过强制性的政策,来对人们认识武术运动进行相应的约束和加强,同时,使其对传统武术的陈旧观念得到有效的转变;另一方面,要引起各级领导对武术运动的高度重视。这样,能够对武术在高校中得到更好的发展起到积极的促进作用。

(3)传统武术的制度建设要有所加强

对于高校武术的发展,就目前的形势而言,国家相关教育部门应该设立专人负责武术运动进入学校体育工作的规划、指导、管理和协调工作,从而使武术在高校中顺利开展得到有力的保证。加强武术的制度建设,具体来说,需要从以下几个方面入手:第一,要在制定学校体育教学大纲时,推广武术重点和有限的教学项目,并且将其作为重点教学内容;第二,全面推广高校武术,并且在此基础上加快武术教材和民族传统体育教材等配套设施的建设工作;第三,通过与武术段位制在全国的实施与推广的有机结合,将高校体育锻炼的标准确定下来,从而在制度上保证武术运动在学校体育教学中的地位和作用。

### 3.要进一步加大高校武术教育基础教学的力度

对于高校武术教育基础教学,一定要引起高度的重视,同时,还要采取相应的有效措施来进一步加强高校武术教育工作,具体来说,应该从以下几个方面入手。

第一,要在选择或编写合适的教材的同时,进一步创新教学内容。合理的教材和内容,能够在一定程度上促进高校武术的发展。在高校武术教学中,武术教材的更新和教学内容的改革是非常有必要的。高校武术教学内容的改革的主要内容包括两个方面:第一,需要使高校武术教师的观念得到较好的转变,树立"健康教育"和"终身教育"的思想来指导武术的教学;第二,要对教学项目进行分辨,学生喜爱的武术项目要继承,不喜欢的项目要摒弃,并同时开发学生比较感兴趣的新项目,与此同时,还要改革相应的课程结构、教学手段和教学方式。

第二,要进一步加强高校武术师资队伍建设力度。师资队伍的建设情况在很大程度上影响着我国高校武术教学的发展,因此,为了能够使我国高校武术教学的质量得到有效提高,加快师资队伍的建设已经成为一项非常重要的工作内容。具体来说,应该从两个方面入手:首先,要加强师资的培训工作;其次,各体育院校一定要建立自己的教学体系。提高我国高校武术教师素质的途径也主要有两条:一条是武术业务培训,另一条是武术科研。

第三,通过现代化科技手段,积极探索有助于武术发展的教学模式。武术教学是不断发展的,因此,这就要求所采用的教学模式也必须是与之相适应的先进的教学模式,这样不仅有利于学生更好地掌握武术基本知识和技术动作,而且对于精神品质的改善,学生学习的兴趣和主动性的增强都是较为有利的。

第四,要进一步改善高校武术教学基础设施建设。教学基础设施情况在很大程度上影响着武术教学活动能否顺利进行。良好的教学基础设施能够使良好的教学质量得到一定的保证。

第五,在使武术课外活动得到有效增加的同时,还要与课堂教学活动有机结合起来。具体来说,加强武术课外活动的措施主要有两个方面:一方面,可以对那些有利于课外武术活动进行的社团组织的发展进行积极的鼓励,从而使课外活动的规范性和组织性得到增强,进而起到有效补充课堂教学的作用;另一方面,要有针对性地对一些社团组织中的骨干力量进行重点培养,从而将他们的积极带头作用充分发挥出来。

# 第二节　高校武术课程设置与优化

## 一、高校武术课程设置基础

### (一)传统武术教学应遵循的基本规律

#### 1.技能形成的基本规律

运动技能的形成过程大致包括三个必经的阶段:第一阶段为粗略掌握阶段,学生需要对各种概念进行理解,并建立相应的动作表象;第二阶段为改进提高阶段,学生对所学的动作技术进行改进和学习,进行重复训练,建立一定的肌肉动力定型;第三阶段为巩固提高阶段,通过各动作之间的灵活衔接,实现动作的运用自如,并在此基础上提高和发展。

#### 2.传统武术教学的基本规律

(1)武术技术动作众多,应建立起正确的动作概念

并且应在传统武术课程教学中注重基本功和基本动作的教学,为学习相应的武术基本动作打下基础。

(2)应分清主次,抓住重点,全面发展

整体教学内容要确定重点;每项教学内容要确定重点动作,重点动作亦要确定重点部位,要以重点带一般,促进身体全面发展,提高贯通和联想能力。

(3)研究教学规律,做到举一反三

传统武术的手法、步法、眼神、劲力、节奏、身法、呼吸的调节等均有其规律可言,要抓住共性特征,促进灵活运用能力的提高。

(4)抓特点教学,促进风格完善

这要求教学须抓标志性动作,展示传统武术的特点,抓练习技巧,全面体现共性特征、突出个性风格。

#### 3.传统武术教学中的负荷控制规律

体育运动负荷量即为人在练习时所承受的生理负荷。运动负荷包括

两方面的内涵,即为运动量和运动强度。量,即数量、次数、组数、时间、距离、重量等等。强度,即动作的速度、练习的密度、间隔的时间长短、负重的重量大小、重复的距离、高度等,泛指完成练习所用的力量大小和紧张程度。在体育课程教学中,应注重学生练习负荷的控制,保证教学的效果。

一般运动负荷受多方面因素的影响,因此在确定相应的负荷量时,应综合考虑多方面的因素。具体而言,其影响因素包括运动的形式、学生的身体素质等。

运动的强度和运动的量使得动作的练习规范化,可通过强度和量的调节来对负荷量进行调节,进而对练习的效果产生相应的影响。需要注意的是,运动强度和运动量与规范性动作的质量是密切相关的,即应在保证规范性动作质量的基础上再谈调节。

## (二)高校武术课程内容的来源

### 1.采纳上级课程文本建议

上级课程文本是国家教育行政部门规定的统一课程和教学内容,它体现国家的意志,是专门为未来公民接受基础教育之后应该达到的共同体育素质而开发的体育课程和教学内容。上级课程文本开发主要根据不同教育阶段的性质与培养目标制定的体育课程标准或教学大纲,以及编写的教学内容。它是一个国家基础教育体育课程框架的主体部分,具有一定的政策性和方向性。因此,地方、学校在选择教学内容时应采纳上级课程文本的必要建议,但要结合地方和学校的具体情况,不盲目照搬。

### 2.修改上级课程文本的规定

上级课程文本的制定都是从全国或全省的整体情况考虑,对全国或全省进行整体规划。所以不可能考虑到每个地区和每个学校的具体情况,所以上级文本必定有不符合地方和学校的具体情况的部分,对此部分应进行必要的修改。另外,上级课程文本毕竟概括性很强,地方和学校应进行相应的条文细化,在细化过程中也要进行必要的补充与修改。但是在修改上级课程文本时一定不可违背上级的意图、重要的规定与要求,不可曲解上级文本的精神。在对相应的课程内容进行修改时,主要是对上级文本规定的具体教学内容、教学方法、资源配备、场地和人员情况进行改动。

### 3.参考上级课程文本的建议

上级课程文本除了一些指令性的东西外,也考虑到各地的不同情况,希望给地方、学校、体育教师一些自由的空间、自由发挥的余地,所以在某些内容上也没有限制得过死,而是给地方和学校一些建议。对这些建议,各地方和学校可以进行适当的参考。

### 4.延续传统的武术教学内容

传统的武术教学内容在我国的学校体育中延续多年,学校也有许多丰富的场地、器材等课程资源。教师也已习惯了传统的武术教学内容,并有许多丰富、宝贵的教学经验可以借鉴。所以在选择武术教学内容时,仍可以传统武术教学内容为主,但选择时应注意教育性、健身性、科学性、社会性和趣味性的结合。

### 5.改造传统的体育教学内容

传统体育教学内容有其不可替代的优势,但是某些传统体育教学内容已不适合或者说在某些地方(如规则、技术难度)上不适合现代体育教学的要求。为了更好地发挥传统体育教学内容的优势,使其更好地为体育教学服务,我们应对其进行适当改造,以适应现代教学的需要。我们改造传统体育教学内容应从规则、技术难度、趣味性等方面进行改造。改造的主要方式有简化规则、降低难度、游戏化、生活化、实用化等。

### 6.引进新兴的武术教学内容

近年来新兴运动项目层出不穷,它们以其特有的趣味性和休闲性为广大人民群众所喜爱。现代新兴武术运动项目进入体育课堂,必将给武术课堂教学注入新的活力。但由于许多现代新兴运动项目需要特殊的运动设施或场地条件及安全保护,所以引进现代新兴项目要根据现有的场地器材条件、规则、原理及方法,设计相近似的教学内容,使其在武术教学中具有广泛的适用性和实效性。

### (三)传统武术课程教学的基本原则

#### 1. 直观教学原则

在传统武术教学中,学生常遇到的是"三多"问题:一是动作数量多,无论徒手或器械,每一个套路都有十多个或数十个动作;二是方向路线变化多,往返折叠,左旋右转,路线复杂;三是每个动作包含的因素多,手眼身法步的协调,精神气力功的配合等。[①] 此外,动作之间的前后衔接是否连贯、节奏是否分明等问题时常困扰初学者。因此,传统武术教学历来讲究"口传身授",即教师格外注重直观的演示,身体力行,多以领做为主,配合语言提示,使学生通过反复练习掌握动作。

传统武术动作的复杂性决定了教师在授课时多采用示范教学的方式。示范即为教师将武术技术动作的原本"影像"以真实的方式向学生传授的过程。在进行示范教学时,应力求真实、准确、规范,使学生通过观摩能够建立正确的动作技术表象,对学生形成正确的技术动作定型产生积极的影响。同时,示范动作还要富有感染力,因为武术动作具有攻防技击的含义,在教学中教师应结合武术动作的攻防性质进行讲解,使学生明确动作的技击意义,加深对动作的理解,提高学习武术的兴趣,帮助学生正确掌握动作。

现代教育技术为教学提供了极大的便利,教师在直观性强的传统武术教学中应充分运用多种形式进行教学,以求达到更好的教学效果。人体对信息的接收渠道越多,对信息的感知就越全面。在传统武术教学中除通过视、听、触,以及肢体的本体感觉的感知外,还可借助心理联动、人机对话等形式强化信息,帮助运动技能的形成。

#### 2. 循序渐进原则

武术课程教学应遵循由简到繁、由易到难、由已知到未知、逐步深化的原则,才能使学生更加牢固地掌握武术的基础知识。要遵循循序渐进原则必须做到以下两方面。

---

① 蔡仲林,周之华.武术[M].北京:高等教育出版社,2009:77.

首先,为了保证教学工作系统连贯地开展,要制定好教学文件、安排好教学内容是非常必要的。在制定教学计划文件时,每个运动项目、每次课、每学期的内容和教法,都应前后衔接,逐步提高。以保证前一个技术的学习为下一个技术的学习做好铺垫。

其次,学生应逐步提高自身的生理负荷,一般为波浪式、有节奏地逐步提高学生的生理负荷,同时,教师也要提高自身的素养。循序渐进地提高自身生理负荷是因为机体适应某种生理负荷需要有一定的时间。另外,教师也要不断提高自身的文化素养,深刻了解学生身心发展的一般规律和特点,了解各项教材的系统性,以及各项教材之间的关系。

### 3. 突出武术风格原则

当学生学会基本往返路线后,教师应更深入地讲解强调动作的准确性,确保每一招、每一式都合乎动作规范。在上述基础上,再进一步地突出用劲技巧和精神的融入,使学生在练习时做到精神饱满、内外合一,充分反映该项武术的特点。

不同的武术项目会有不同的动作组合和套路特点,其动作风格也各相迥异。在掌握正确动作技术基础之上,充分表现其武术风格特点(包括劲力、节奏、结构和精神等)是学习武术套路的关键。武术技术风格都是通过典型的技术动作加以表现的。例如,长拳的舒展大方、快速有力、动迅静定、节奏鲜明;太极拳缓慢柔和、外柔内刚、体松心静、形意融合;南拳则是拳势刚劲、步伐稳固、发力发声、以气催力、手法丰富等。教师可通过动作组合、套路练习,或通过技术录像、光盘予以呈现。在较全面掌握拳种的技术和理论基础上,需要注重教学精细环节,针对能够体现特点和风格的技术动作进行高水平示范和深入讲解,反复地练习,使学生充分掌握技术结构和动作过程,全面掌握套路风格。

### 4. 内外兼修原则

中华传统武术博大精深,与中华文化有着千丝万缕的联系,中华文化注重内在涵养,传统武术内外兼修的特点也很突出。"内"指心、神、意等心智活动和气息的运行,"外"是指手、眼、身、步等形体活动。内与外,形与神是相互联系的统一整体,习武可以全面提高人体的机能。在教学中应通过各种方式和方法强调内与外的和谐配合,达到身心的全面锻炼。

任何技术动作的掌握都有一定技巧,了解这些技巧会有效地促进对技术动作的规范掌握。武术组合或套路的掌握必须建立在熟练的基础上,熟能生巧,巧可促练。只有达到了一定的熟练程度,才能够娴熟地练习组合或套路,做到"心动形随""形断意连""出神入化",内外兼修、体现风格。

### 5.身体全面发展原则

在武术的教学过程中,只有以身体全面锻炼为基础,才能促进学生全面协调发展。设计安排全面的武术教学计划,使学生身体的各个部位、器官、系统的机能,各种身体素质和基本活动能力都得到全面发展。对于武术教学中身体全面发展原则的要求主要有以下几个方面。

(1)要认真贯彻教学大纲提出的教学目标和要求

学习和领会武术教学大纲(或课程标准)的精神。高校教师在制订全年教学工作计划与教学进度时,应注意各类教材和考核项目的合理搭配,以保证学生获得全面的身体锻炼。

(2)要始终贯彻身体全面发展的原则

课程准备要全面丰富,科学合理地搭配基本部分教材的最佳方案分三个部分实现。首先是准备部分,要以活动全身各部位肌肉、关节、韧带为主,使全身各部位充分伸展,为完成课程目标做准备;其次是课程的基本部分,主要是武术基本技术为主,要让学生的身体得到全面、协调的锻炼与发展;最后是课程的结束部分,要做好放松活动,并布置课外训练作业,有组织地结束一节课。

## (四)传统武术课程教学的注意事项

### 1.要注重武德教育

武德教学要贯穿教学过程的始终,必须予以充分的重视。在武术教学过程中,加强武德教育能够使学生养成良好的习武风气和良好的习武行为规范。

尚武崇德是我国优秀的传统文化的重要组成部分。"尚武"即为倡导和参与武术锻炼，以求强身健体、自强不息，培养勇敢面对现实、不断超越的竞争意识。"崇德"指推崇道德修养，诚信正直，谦和忍让，见义勇为，遵守社会公德，恪守文化规范。

武德是从事武术活动的人必须遵守的行为方式和道德准则，在教学过程中，应重视学生尚武崇德的思想教育。在教学过程汇总应结合武术的特点以及教学规律，明确学生习武的目的和动机，抵制恃强凌弱、好勇斗狠的恶习；同时还要发扬自强不息的民族精神，以及虚心好学、尊师重道的风尚。通过这方面的学习，使学生各方面素质全面提高。

（1）培养良好的习武礼仪规范

传统武术是中国优秀文化的代表，在武术教学中应以良好的礼仪来规范学生，教育学生要以礼待人，崇义尚武，不可高傲自满。在上武术器械课的时候，也应规范要求。需要用到器械时，由每排的一人领发器械，同学将器械有顺序地放在收器械同学的手中，不可随意乱扔。以此培养学生爱护公物及良好品行习惯。

（2）注重武德，不出手伤人

武术动作具有一定的攻防技击性，教师在讲解动作的用法时要端正学生的学习思想和学习态度，把武术作为强身健体的方法，了解其中的攻防含义，而不可以招法比试同学，出手伤人。特别是进行散手教学时，更要强调其安全性，只可模仿慢速练习，不可使力出招伤人。

（3）尊重同学，友好待人

传统武术教学应致力于培养学生互相尊重、友好待人的品质。在分组练习中，应让学生互相帮助，共同提高。要教育每位学生积极帮助理解能力差的同伴学会动作，提高动作质量。被帮助的同学要尊重别人的劳动、谦虚学习，达到互帮互学、共同提高的目的。

总之，武术教学不仅仅是动作套路的教学，同时也是对学生自身修养的培养和发展，在教学过程中应该做到两者的共同发展，使学生身心全面提高。

## 2.要突出难点、重点

传统武术教学应注意根据教材内容突出重点和难点,围绕重点和难点动作,由浅入深,层层深入。使学生能尽快地学会动作。

### (1)由浅入深逐步进行授课

传统武术教学要做到由浅入深,首先应该注重基本动作的掌握,在此基础上进行动作的串联和衔接。例如,在教习"五步拳"时,应先练习拳、掌、勾三种手形,然后练习冲拳、踢腿的基本动作,再练习弓、马、虚、仆、歇五种步形,最后组合衔接成整套的动作。[①]

### (2)由易到难进行讲解

在教学过程中,必须注意突出重点,由易到难、环环相扣,而不是一开始就完整学习,使学生望而生畏。例如,教"腾空飞脚"这一动作,其重点是腾空击响,而关键是有力的右脚起跳。在准备活动中,可安排跑动中的右脚起跳摸高动作。教学时,先做原地单拍脚,接着练习原地右脚起跳单拍脚,再做上一步跳起单拍脚,然后再做完整的动作。

### (3)围绕中心动作灵活开展

在武术教学中,应围绕中心动作展开,发散性地一式多变,避免由于动作的单一枯燥影响学生的积极性。例如,教马步冲拳动作,如果让学生一味地去蹲马步,学生会感到枯燥无味,可以围绕这个动作去练习两人一组蹲马步互击掌,看谁能推倒对方。也可以做并步砸拳——马步连环冲拳。可采用多种方式以增强习武的气氛,调动学生的学习积极性。

## 3.要以学生为核心

教学活动包含教师的教授和学生的学习两部分,教师应该充分发挥主观能动性,学生也应该发挥其学习的积极性和创造性。在教学过程中应以学生为核心展开相应的工作。

### (1)充分调动学生的积极性

在教学过程中,教师应该充分地调动学生的积极性,采用多种方式灵

---

① 徐吉源,赵兵.中学武术套路课教学方法和策略[J].运动,2012(2):123-124.

活教学。对于比较枯燥的内容,可以以游戏或者比赛的形式进行,激发学生的学习兴趣。例如,分成若干小组进行踢腿比赛,看哪一组踢得又齐又好,由老师和学生共同评分。再如,两人一组面对面进行马步冲拳比赛,看谁蹲的时间长。教师应转变传统的教学理念,要敢于打破框框条条,尽一切力量调动学生学习的积极性。

(2)以人为本,注重个性化教育

学生体质的差异性和理解能力的差异性决定了在教学过程中要坚持差异化教学。例如,男女生有生理上的区别,在做马步时,女生可降低要求;腾空动作,也应男女有别,如腾空飞脚,男同学可要求起跳脚先落地,女生可要求双脚同时落地或摆动腿先落地。

### 4.重视课程过程中的安全

体育活动总是伴随着一定的风险,作为一项特殊的体育活动,传统武术也不例外。学生群体较为活泼好动,而武术教学又具有潜在的危险性,因此,应该把安全放在重要的位置。

在传统武术教学中,总是隐藏着诸多的不安全因素,如果忽视这方面的教育工作,则可能对学生的身心安全造成不良的影响,甚至可能造成严重的教学事故。因此,教师在课前、课中和课后应经常性地进行安全检查和教育。

安全教育是对学生的关怀,是素质教育中的重要环节。要树立以人为本的教育理念,务必将人的身心安全因素放在重要地位。传统武术教学中应使学生明确武术习练的目的是强身健体,盲目求快,练习超出自身能力的难度动作。在练习各种武术器械时更应该认真讲解和示范规范的操作动作,并注意保持学生之间的距离,避免意外受伤的出现。珍惜生命,爱护身体,还要通过武术课堂的各种练习不断适应各种气候、场地、训练强度,以提高机体适应能力,达到对自身健康安全保护的目的。

武术中的攻防动作、器材的使用、场地的大小,学生之间的间距都隐藏着不安全的隐患,教师应把所有可能引起不安全的因素都考虑在前面,这样才能防止出现伤害事故。具体而言,应注重以下几方面的问题。

首先,应该注重练习场地和器材的安全。

其次,在课程正式开始之前,要注重必要的准备活动,恰当的服饰,做好充足的准备。

最后,在课上也要对学生进行安全教育,如持器械时不能互相打斗开玩笑;挥舞器械时要看好前后左右,不能碰及同学;两人一组对练时,出手要轻、先慢动作练习,待熟练后再加快速度等。

### 5.要注重培养学生骨干

骨干的作用在于正确引导其他学生进行正确的练习,使教学活动达到事半功倍的效果。在教学活动中,由于学生人数相对较多,教师并不能全面照顾,这时就需要发挥骨干的作用。武术教学中的学生骨干要对武术感兴趣,有责任心,并能够快速准确地掌握武术技术动作。教师应该根据教学内容,利用课余时间进行培训,让他们先学会、学好动作。在课上,将他们安排在各个组中,及前后左右不同的位置上。使学生在集体学习中,能从不同的方向看到小骨干的正确动作,能很快学会动作。在分组教学时,以小骨干为组长,带领同学一起练习,从而使教学达到事半功倍的效果。

## 二、高校武术课程的优化

### (一)拓展高校武术课程的类型、内容和教学方法

通常情况下,普通高校武术课程类型以选项课为主,形式较为单一。对此,建议普通高校根据各自的实际情况,有针对性、目的性地拓展武术课程类型,使课内、课外一体化教学得到进一步加强,进而使普通高校武术课程结构得到进一步完善。

在高校武术课程的内容方面,普通高校通常都是将套路运动作为主要内容,但是,根据目前的调查来看,格斗运动越来越引起高校学生的兴趣。为了满足学生的愿望,顺应武术教学的这一发展趋势,建议普通高校武术课程将格斗运动列入教学内容中。这不仅丰富了普通高校武术课程的内容,而且还能够提高学生对武术课程的兴趣和学习积极性。

在武术教学中,对武术套路教学方法的改革是提高武术教学质量的重要手段。在武术教学过程中,通过多种形式的改革,改进教学的手段,促进学生的全面发展。

通过不断创造和探索生动有趣的教学方法,使得学生能够在教学过程中真正体会到武术套路运动的快乐,并且能够在武术运动过程中感受到其独特魅力。

### (二)加强对高校武术专业教材的建设

武术属于体育学,但是,高校武术教材不仅要涉及体育学,而且还要涉及与之相关的其他学科,如传统哲学、训练学、中医学、养生学、伦理学、美学、兵法学等。作为一个由多学科相交叉所形成的新兴专业,高校武术只有首先在教材方面得到更好的建设和完善,才能够在此基础上发展其他方面。因此,建议根据高校特点和武术项目特点,不断开发和完善高校武术类的专业教材。教材内容的选择应做到符合实际,注重基本功和基本技术的学练。武术套路教材较多,作为高校体育部门要选择最符合学生和授课实际的教材。一般来讲,大多数大学生没有参与过武术套路运动,因此选择的教材应该注重武术基本功和基本技术动作的学习;基本知识应围绕武术套路学习的需要进行相关知识的讲授;中等水平则以基本武术套路技术带基本功,并不时拓展技术领域和范围,加强综合理论知识的介绍;较高水平则以提高技术动作质量和竞技水平为主来安排相关的内容。

高校在选择相应的武术套路教材时,应根据学校的实际情况来选择。应根据地域、地区学生层次水平的不同以及针对武术特点,选择适合当地武术发展需要的多样的教材内容,供不同层次、特点的当代大学生使用。

### (三)促进学生树立"终身体育"意识

培养具有创新意识和良好适应能力的优秀复合型人才,是新时代学校体育教育更加重视的方向。随着社会的发展和进步,学校体育则逐渐由传统的体育教学观念转变为重视全面发展的人的培养和体育终身意识的培养。目前,体育在人们的日常生活中越来越受到重视,"终身体育"对学校体育教学也正产生着重要而深刻的影响。

武术套路教学活动是教师和学生的互动,学生在教师的指导下,积极主动地学习和掌握各种武术技能和知识,同时达到增强体质,继承和弘扬民族武术文化的过程。在武术套路教学中,学生通过学习和掌握相应的动作套路,明确其攻防的格斗技巧,既可以增强学生体质健康和身体素质,又能够培养学生顽强和勇敢的意志品质。

通过武术套路教学,应使得学生能够学以致用,使其能够在以后的工作和生活中能够运用所学的知识和动作技能进行相应的健身锻炼。武术课程教学应注重培养学生的终身体育意识,在促进武术文化的继承和发展的同时,促进其健身意识的培养。

### (四)促进学生民族精神和爱国热情的培养

武术是我国传统文化的重要组成部分,与我国的经济、社会、文化等方面密切相关,对我国经济社会的各方面都具有一定的影响。在武术课堂教学过程中应加强学生的武德修养,传授学生基本的武术礼仪知识,以武术为才出发点,促进学生对中国传统文化的认知和理解,培养其民族精神和爱国热情。

武德教育应贯穿于武术教学的始终,并注重培养学生对武术文化的兴趣,到达武术套路教学的目的。另外,在教学过程中,应让学生更多地了解武术所包含的内涵,使学生的心态、情操、武德得到全面的升华,促进高校武术教学质量的提高。

### (五)充分发挥高校武术协会的作用

学生体育协会是在学生会体育部领导下,在体育教学部指导下开展工作,是学生群众性体育组织,既为广大的体育爱好者提供了发挥自己特长的舞台,也是对业余训练空白的填补。其作用主要表现在以下几方面。

第一,在体育管理系统中,学生体育协会属于群众性体育组织,因此有广泛的群众基础,学生自愿参加,自己管理,可最大限度地提高学生的学习兴趣和练习热情,培养学生参与体育活动的积极性。

第二,在学生与学校体育管理部门之间,学生体育协会应起到良好的沟通作用,其具有的桥梁沟通作用,有助于学生与学校体育管理部门维持良好的关系。学校体育管理部门可以通过该组织了解学生的体育动态,掌握学生体育爱好者的基本情况,为学校体育工作的决策提供了一个新的信息渠道。

第三,学生体育协会还可以成为本校与外校学生中体育爱好者交流的一座桥梁,通过它们可以与外校保持密切的联系,进行体育交流,相互促进,共同提高。

# 第二章 高校武术教学内容与基本任务

## 第一节 高校体育武术教育教学的具体内容

### 一、武术纳入大学体育教学系统的必要性和重要性

(一)传统武术是传承武术独特技击文化的唯一载体

1. 武术技击功能的重要性

传统武术有着漫长的发展历史,其萌芽并发展于冷兵器时代,在其形成与发展过程中,传统武术的攻防技击性发挥着十分重要的作用。

从传统武术文化发展来看,技击性是传统武术的重要属性和基本特征,是传统武术文化的重要表现特征之一,与传统武术的文化背景有着十分密切的关系。现代社会,社会文化发生了很大的变化,传统武术所依托的传统文化内容、特点等也发生了很大的变化,这就使得传统武术出现了与现代社会文化发展的不融合,传统武术的攻防技击性逐渐被弱化,其技击的实用价值被进一步降低。在西方体育思想的影响下,传统武术文化处于弱势的地位,其传播和发展举步维艰。

从传统武术与其他体育运动的区别来看,传统武术是传统体育的重要组成部分和重要体育运动项目,传统武术区别于一般体育项目的个性与其独特的技击文化具有密切的关系。因此,无论在国内还是国外,武术不仅因其有技击特点而存在,而流传,而发展,也因此而为人们所喜爱。相对于其他搏击、对抗项目,传统武术技击性"具有明显的中国传统民族文化特色,表现在技击方法的全面、训练手段的独特、搏击思想的智慧等方面,这是传统武术区别于其他体育项目的特征"。

从体育教育的角度来看,传统武术纳入学校体育教学具有广泛的学生基础,究其原因,也正是因为传统武术技击性的存在。在开设传统武术教学的学校中,有大多数的学生选修武术课程的目的是学习防身自卫技能,而当前学校武术教学存在的一个普遍问题就是学生喜欢武术,但不喜欢上武术课,这个教学问题正是源于学生对学习武术技击性的学习需求与实际武术课程教学中没有体现武术技击性的矛盾所产生的。武术教学缺乏技击实效的套路组合,最终使学生失去武术学习的兴趣,因此,可以说,传统武术技击性的体现在教学中也具有重要地位。

### 2.武术技击文化只有传统武术可以承载

武术特有的技击文化使其区别于其他技击性体育运动项目,在竞技体育发展的一般规律上,传统武术与篮球、排球等项目是一致的,但是,传统武术包括套路和散打两个部分,在技击性的表现上,传统武术技术动作属于难美性项群,追求"高、难、美、新、稳",而传统武术的套路则基本不具有技击性,但是其套路技法原理中却蕴含着技击的内容,通过传统武术的套路练习,能对习武者技击能力的提高起着重要的促进作用。

在当前武术的两大内容体系中,传统武术承载了武术独特的技击内涵和理念。与世界上任何其他一项体育运动相比,传统武术的技击文化和思想秉承着中国传统文化的"整体观"思想,强调"体用兼备""练打结合""技道双修",只有传统武术承载了这种独特的技击文化。

## (二)传统武术进入学校是武术文化传承的根本大计

青年学生是祖国和社会未来的建设者和接班人,是民族文化的传承者,传统武术文化的传承自然离不开年轻一代。而如何让青年学生关注、认识、了解、传承武术文化,就必须从学校教育入手。

教育是一项基本国策,是立国之本。传统武术是我国优秀的传统文化,文化的传承与教育之间有着密不可分的关系,教育应关注传统文化传承。随着我国在校学生的不断增多,在校学生人口在我国人口总数中占有越来越大的比例。将传统武术纳入学校教学体系,通过学校教育进一步普及与发展传统武术,吸引和影响更多的人(包括学生及其家长)传承武术文化,是保护和促进我国传统武术文化发展的一个必要和有效途径。

我国在校人口众多,学校是文化传承的一个重要基地,中国武术文化的传承如果能抓住学校这一领域,抓住了在校学生这个庞大的人口群体,我国传统武术文化的传承也就能有望实现。

传统武术的独特技击理念和价值内涵只能通过传统武术这一载体来进行传承,因此,在学校传统武术教育中应批判地继承和发扬武术文化,而不应将传统武术文化放任其散落民间自生自灭。传统武术是我国优秀传统文化的"全息影像",是一种开放式运动技术,趣味性强,能激发青少年学生的习练兴趣,受到青少年学生的喜爱。因此,将传统武术纳入学校教育教学系统,是传承武术文化的根本大计。

## (三)传统体育融入大学教育是健康中国、体育强国背景下的必由之路

提倡国人健康生活,并将健康中国上升到国家战略的高度,充分满足了广大人民群众对健康的需求。高校体育教育应贴合健康中国理念,发挥体育教学的优势,使学生们建立起健康意识和运动理念,进而培养学生终身运动的习惯。

国家的体育政策频出,提出了建设健康中国的宏伟战略,并将全民健身与全面健康深度融合。在这样的时代背景下,中国武术作为中华民族具有重要健身价值的民族传统体育项目,迎来了一个千载难逢的发展机遇期。百年大计,教育为本。学校历来是教育重地,是传播知识和培养技能的重要阵地。对中国武术的发展而言,不仅需要学校,更要主动融入学校教育,从小开始培养学生的习武习惯。通过武术进校园,使广大学生掌握武术健身知识,掌握一定的健身、防身技能,练就强健的体魄。通过武术来对学生进行健康促进,塑造完善的人格,最终助力健康中国战略的实现。

全民健康是建设健康中国的根本目的,而广大青少年学生无疑是其中的重点人群。青少年代表国家和民族的未来,少年强则国强。只有少年时期养成强健的体魄及良好的健身习惯,才能在生命的各个时期中通

过运动获得健康。

从生物学角度看,生命是一个动态变化的过程,不同时期呈现出不同的功能形态,从而将生命划分为许多周期,如幼儿、青少年、中年以及老年阶段。不同生命周期的身体健康水平是不一样的,对健康手段的选取也是不同的。武术作为一种增进健康的手段,与其他体育项目相比,它有自身的独特性或者优势。它种类繁多,动静皆宜,比崇尚力量与速度的西方体育更加柔和,能充分满足不同群体的健身需要,甚至可以伴随人的全部生命周期。

在漫长的历史长河中,不同国家和民族都形成了各具特色、各有优长的健康观。这些不同的健康观必然会催生不同的身体操作方式。从中国武术与西方体育所传达出来的健康观而言:中国人的健康观强调人的内在和谐,注重神与气,西方健康观追求肌体强健、形体美观和技能完善,更加注重形与肉。实际上,中国武术的习练方式更加符合中国人的身体观和健康观,衣袂飘飘的白发老者可能肌肉早已松弛,但他动作娴熟,身体的内部很健康,修为很高。中国武术在人的全生命周期中,更加注重对人生命的修炼,而不像西方体育更加注重对人的身体的塑造。在学校体育教育中,我们要多对学生进行中国式的生命教育,将中国武术所蕴含的本土健康观传递给学生。

中国武术除了对人的全生命周期进行关照与和呵护外,它还可以全方位地对学生健康进行提升。全方位健康,不仅指生理健康,还包括心理健康、道德健康、社会健康、环境健康等,这些共同构成了完整的健康概念。实际上,武术作为一种运动方式,对健康有着独特的促进作用,它不但作用于人的生理身体,它对武德的重视,对门派的固守,实际上都是有积极意义的。但需要注意的是,我们不能以武术具有强身健体的作用便任意拔高它对于健康的作用。生命的长度是否仅取决于健康呢?答案显然是否定的,寿命也好,健康也好,都是一个复数概念,并非生理所能涵盖,必须将心理、道德及社会环境等诸方面结合起来。这种理念,在《素问》中有所表述:其知道者,法于阴阳,和于术数,食饮有常,不妄劳作,故能形与神俱,而尽终其天年。所以说,武术能全方位地促进个体的身体健康,但并不能随意地延长生命的长度,健康与寿命是两个不同的概念。

全民健康,共建共享,这是健康中国的主题。促进健康的手段很多,途径多样,方法不一,但要将全民健康与全民健身深度融合,就非体育莫属。中国武术作为一种有着独特健身价值与功能的运动方式,它形式多样,与中国传统养生文化有着密切的联系,在学校体育教育中是一种重要的健康教育手段,可以有效地对学生进行全方位、全周期的健康促进。在健康中国的战略下,具有本土特色的中国武术契合中国人的健康观与生命观,它的健身、养生、休闲、娱乐等价值应当被时代所重视。

## 二、大学武术教学的原则

### (一)传统武术教学的原则

#### 1.尚武崇德

尚武崇德是我国传统武术的重要精神文化内涵,在我国传统文化中一直保有尚武崇德的思想。

所谓"尚武",指倡导和参与武术锻炼。在传统武术发展的不同时期,"尚武"的表现是不同的,但任何时候都不是只提倡武力,这一点一定要明确。此外,还应该明确的一点是,尚武重视武术锻炼,但并非一种无脑的乱斗,而是一种在"德"的约束下进行的身体锻炼和技法训练。在和平时期,尚武强调通过武术基本功、技法的习练,以强身健体、以武会友,并在习武过程中培养自身勇敢面对现实、不断超越的竞争意识;在战争年代,尚武精神则体现在不畏生死、勇敢抗争和保家卫国方面。

所谓"崇德",即指推崇道德修养。武术道德,简称"武德",武德是从事武术活动的人必须遵守的行为方式和道德准则,它是伴随武术运动在我国经过千百年发展积累而成的,是一种对习武之人道德约束的标准,是习武者的基本素质要求,习武之人必须铭记和遵从。具体来说,习武之人,应注重个人道德修养,诚信正直,谦和忍让。尤其是在现代社会,习武之人的言行举止应符合社会基本道德准则,遵守社会公德,恪守文化规范,并能见义勇为。

在传统武术习练过程中,应将崇德与尚武有机融合起来。武德是从事武术活动的人必须遵守的行为方式和道德准则,在高校传统武术教学过程中,教师应通过武术理论教学,重视学生的思想教育,不能忽视对学生武德的教育,即所谓"未曾习武先习德"。

具体来说,传统武术教学实践中,在尚武崇德教学原则的指导下,教师应注意以下几点。

第一,传统武术教学过程中,教师应结合武术的特点以及教学规律,明确学生习武的目的和动机,抵制恃强凌弱、好勇斗狠的恶习。

第二,发扬自强不息的民族精神,使学生自强不息、虚心好学、尊师重道、遵守社会公德和秩序、爱国爱民。

第三,通过传统武术中良好思想意志品质的培养,学生应勤学苦练,踏实习练武术基本功和技法,促使各方面素质全面提高。

第四,在整个传统武术教学过程中,都应重视学生尚武崇德的思想教育。

## 2. 兴趣主导

兴趣是最好的老师。在传统武术教学过程中,重视学生的武术学练兴趣培养,是科学开展武术教学活动的第一步,有助于以后各项武术教学活动的顺利开展。因此,在传统武术教学中,所有传统武术教学内容、教学方法、教学手段、教学形式以及教学模式的安排选择都应充分考虑学生的学习兴趣与需求,突出学生在教学中的主体地位。

具体来说,兴趣主导就是在传统武术教学中重视对学生学习和参与传统武术兴趣的培养,这是传统武术教学的重要原则之一。只有学生对传统武术感兴趣,才有可能学好传统武术。要实现这一点,教师应做好以下教学工作。

第一,教师应广泛了解学生的传统武术兴趣,结合传统武术教学大纲,在统一安排教学活动的基础上,针对不同学生的不同兴趣来选择和安排不同的武术内容进行教学,以最大限度地发挥学生参与传统武术运动的积极性。

第二,教师应重视学生正确体育价值观的培养。通过各种教育学、心理学的手段,进行传统武术运动训练的目的性教育,逐步树立起自觉学习和参与传统武术运动的态度和动机,并重视培养学生主动进行武术学练、独立思考、创造创新和自我调控的能力,使学生更自觉地、主动地完成学习任务。

第三,要注意新旧教材的搭配组合,在教学内容上,注意传统武术文化、动作、套路与技法习练等内容的结合,以提高学生综合运用技术的能力。

第四,教师应精心设计教学(特别是课程开始),善于激发学生的兴趣,引导其兴趣向正确的方向发展。在教学中能善于捕捉时机,因势利导,对学生的武术学练兴趣进行积极强化。在初期训练时应以游戏和玩耍的形式开展教学,调动学生对传统武术学练的积极性,使学生对传统武术运动的兴趣转化为学习动力。

第五,教师在传统武术教学过程中应重视对丰富多样的教学方法的科学选择,通过不同类型的教学方法的运用,努力激发学生参与传统武术教学学练的兴趣。在传统武术教学的不同阶段,针对不同运动基础、年龄、性别的学生,应运用各种符合不同年龄学生个性心理特征的教学手段,以激发学生的武术学练热情。

第六,要充分利用现代教学手段和技术,通过图表、照片、电视、电影、多媒体等辅助教学手段,使学生直观、形象地掌握传统武术技术动作和方法,提高学生的武术技能和实战能力。

### 3.直观教学

传统武术历史悠久,在其漫长的发展过程中,形成了诸多流派,传统武术内容体系复杂、动作技术多样,对于习武者来说,学习一生也不可能把传统武术的功法内容全部学到。而传统武术教学课时有限,面对复杂、多样的武术基本功、基本动作、套路练习、功法练习等,要想促进学生准确、快速掌握,必须提高教学效率,而直观教学是一种科学有效的教学方式,也是传统武术教学中要求教师武术教学必须遵守的一个教学原则。

从教学的角度上来看,传统武术的动作数量较多,而且动作相对更加复杂,再加上做出的动作除了身体外形方面的标准外,还有眼神、心智等多方面元素的标准。面对内容复杂的传统武术动作、套路和技法练习,为了提高教学质量和教学效率,教师就应该力求在传统武术教学中重视直观教学,如利用较为直观的教学方法和指导方式等安排学生进行武术习练,只有最为直观的教学才能使武术教学获得最好的效果。

我国的武术教学历来讲究"口传身授",即教师格外注重直观的演示,身体力行,多以领做为主,配合语言提示,使学生通过反复练习掌握动作。实际上,这就是现代直观教学法在武术教学中的实践体现。

传统武术教学实践中,科学地遵循直观教学原则应做到以下几点。

第一,明确教学目的。根据具体的传统武术教学目标,选择合理的传统武术教学内容、教学手段和方法。

第二,明确教学要求。根据传统武术教学任务与基本要求,针对不同水平的学生采取不同的教学方法与手段,如学生水平较低,应多进行动作示范、观看技术图片等,如学生水平较高,则可播放正确技术动作影片帮助学生学习,使每个学生都能提高传统武术基本功基础,熟练进行传统武术套路练习,并使其传统武术技能有不同程度的发展。

第三,充分利用学生的视觉、听觉、动作感觉,使学生建立良好的传统武术技术动作定型。

第四,在传统武术教学实践中,直观性的教具教学、直观动作示范应与教师的语言讲解结合进行,以启发学生思维,提高学习效率。

在传统武术教学中,动作示范、直观教具是武术直观教学原则指导下科学教学方法的重要选择与运用。

4. 循序渐进

循序渐进教学原则是传统武术教学的基本原则之一。传统武术内容丰富,项目众多,动作、套路、技法复杂,因此,学生对于传统武术的学习不可能一蹴而就,而是要经过一个持续的、漫长的学习过程,在这一学习过程中,要重视各个教学和学习阶段的循序渐进,不断为之后的学习奠定扎实的理论与实践基础。

简单来说,遵循循序渐进原则就是要做到传统武术教学的有序安排,对传统武术教学中教学内容的安排要做到由简单到复杂、由低级到高级、由单一到组合,循序渐进地进行。传统武术教学实践中,遵循循序渐进原则应注意以下几点。

第一,逐步增加武术教学内容的难度。传统武术教学过程应符合传统武术运动发展规律,教学内容应由易到难、由简到繁;训练的时间和量应逐步提高。

第二,科学安排武术教学不同阶段的教学任务与教学要求。在传统武术实践课的教学中,要根据传统武术不同武种的运动规律与特点,从单一到组合,科学组织各阶段教学。

第三,传统武术实践教学中,对学生的武术习练的运动负荷应有序增加。在高校传统武术教学过程中,组织学生练习应逐步增加运动负荷,按照"适应—加大—再适应—再加大"的规律有节奏地增加运动负荷。同时,注意运动负荷应与学生的生理和心理特点始终相符。

## 5.巩固提高

巩固性原则,具体是指在传统武术教学中,让学生在学习理解技术过程中反复练习,重视复习,以达到技术熟练和巩固的原则。从传统武术教学的学科理论基础和运动、学习规律来看,巩固提高原则符合学习规律、技能形成规律、遗忘规律、"用进废退"原理等,在传统武术教学过程中,教师应重视学生对已学习过的知识与技能的巩固与提高,使学生体能获得不断发展,体质不断增强,传统武术技能不断提高。

传统武术教学中,遵循巩固提高原则应注意以下几方面内容。

第一,在武术教学过程中,必须加强教材的连续性,只有连续练习,才可以既学了新的,又复习巩固提高了已学过的内容。

第二,逐步推进教学进程。传统武术教学过程中,要层层深入地推进教学进程,不要盲目追求进度,要在每一个阶段的传统武术教学中,都使学生打好知识、体能、技能基础,为下一阶段的武术学习奠定扎实的基础。

第三,重视基础练习。在武术教学中,充分调动学生的感官,通过"听、看、练",使学生真正掌握武术基本功、技术动作和武术套路。在多练的基础上熟能生巧,从而达到巩固提高的目的。

第四,反复练习。传统武术教学良好教学效果的获得离不开教师对学生传统武术学习积极性的调动。传统武术教学内容丰富,技术动作较多,但是课时有限,教师应鼓励学生在课外也积极参与传统武术习练,以不断巩固与提高传统武术技能。

第五,强化训练。传统武术技术练习不能长时间地停留在原有的动作和水平上,要有所改变与丰富,使学生在保持武术学练兴趣的基础上发展武术运动水平与技能。

第六,提高学习目标。传统武术教学要重视通过给学生施加一定的"压力"来督促学生学习,使学生变压力为动力,不断向新的学习目标挑战,不断提高传统武术运动水平。如对已掌握的传统武术技术动作,要不断提高质量要求,提高动作的表现力等。

第七,重视教学考评。通过学习测评、武术套路表演、武术格斗,使学生不断提高自身学习目标与要求,激发学生斗志,促使学生不断学练。

### 6.全面发展

促进学生身心健康全面发展是学校体育教学的重要任务,传统武术教学也应确保这一教学任务的实现,并以此为教学原则指导教学活动的开展。全面发展原则,具体是指在传统武术教学中应该使学生身心素质得到全面的发展。身心全面发展是学生掌握传统武术功法技术和提高运动成绩的基础。

传统武术教学应促进学生的全面发展,具体来说,就是通过传统武术教学活动的开展促进学生的身体、心理、社会适应能力等的多方面发展。传统武术教学遵循全面发展的教学原则应注意以下几点。

第一,综合贯彻传统武术教学大纲的教学目标和教学要求。在传统武术教学中,要使学生积极地学习国家所颁布的传统武术教学大纲的精神,遵循传统武术教学大纲所提出的要求与目标。

第二,贯彻全面发展原则,不是在教学中另外安排提高身体素质的练习,而是注意不同教材的均衡搭配,使学生全面掌握武术基本功、掌握多套武术套路练习,并通过武术技能学练发展各项身体素质。

第三,教学、考核项目和内容应考虑促进学生全面发展,传统武术教学内容、教学方法、教学手段、教学模式、教学组织形式等都应该围绕学生科学设计、选用,促进学生各方面素质的综合发展,使学生真正提高传统武术运动的知识和技能,实现身心素质和能力的多元发展。

第四,重视不同课次之间教学内容和练习内容的衔接,并注意传统武术教学与其他体育运动项目教学的合理安排。

### 7.因材施教

传统武术教学实践中,遵循因材施教原则应注意以下几点。

第一,统一要求。因材施教应建立在统一要求的基础之上,教师对全体学生提出统一的教学要求。在此基础上,注意每个学生的身体素质与能力水平是有差异的,重视针对个别学生的"教",使教学有区别、有针对性。

第二,了解学生。了解学生是因材施教的重要前提,在武术教学中,教师应对学生进行充分的观察和了解(如身体素质与个体差异),教学应符合学生特点,掌握不同学生的详细情况,提出不同的学习要求和选用不同教学内容与方法。

第三,区别化进行教学设计。传统武术教学设计应有针对性,在制定传统武术教学目标时,综合考虑教材、学生特点、组织教法以及客观教学条件,使教学更有针对性。

第四,满足不同学生学习需求。传统武术教学目标和要求应符合大多数学生的实际能力,同时,兼顾不同层次学生的学习需求,为身体素质较好的学生创造更好的条件,帮助素质差、基础薄弱的学生完成学习任务。

第五,灵活安排不同学生的运动负荷。不同学生的运动基础、学习能力、身体素质具有很大的差异性,要促进学生发展,就必须有针对性地提高学生的薄弱环节,扬长避短,促进其传统武术运动技能快速提高,使不同学生均有所提高。

第六,创造因材施教的教学条件。传统武术教学实践中,教师要采用多种教学的组织形式,进行"等质分组"或对学习较"差"的学生开"小灶"。

### 8.突出武术风格

传统武术具有丰富的文化内涵,这种文化内涵表现在传统武术动作、套路、拳法技理、武术道德等各个方面,正是这种文化内涵使得武术运动不同于其他运动项目。传统武术不仅仅是一项追求身体外在表现形态的运动,更重要的是,在传统武术习练过程中,还要将它内在蕴含的武术文化表现出来。

对传统武术文化内涵的认知与表现是一个系统、复杂的过程,这种文化并不是通过简单的教学就可以完成的,如果说武术外在的"形"可以通过教学完成,那么对于武术文化的养成就需要习武者自己的"悟"。

传统武术教学与以往的家族式的言传身教具有很大意义上的不同,将武术教学纳入学校体育教学体系,就必须遵循一般教学规律与原则,与传统武术学练中的"师傅领进门,修行在个人"的自然式的发展不同。在武术教学中,教师应通过科学的教学内容、方法、手段、模式等的安排、选用,促进学生认识传统武术文化,丰富传统武术文化知识,引导学生进行这种"悟"。

具体来说,不同的武术项目会有不同的动作组合和套路特点,其动作风格也各相迥异。例如,长拳的舒展大方,太极拳的缓慢柔和,南拳的刚劲等。要在武术教学实践中,使学生领悟不同传统武术运动项目的文化内涵,熟悉掌握不同武术运动项目的动作原理与风格特点,应从以下几方面着手开展教学。

第一,教师可在学生较全面掌握拳种的技术和理论基础上,注重教学精细环节,针对能够体现特点和风格的技术动作进行高水平示范和深入讲解,反复地练习,使学生充分掌握技术结构和动作过程,全面掌握套路风格。

第二,对于传统武术动作、技术、技法来讲,无不包含着一定的习练技巧,了解这些技巧会有效地促进对技术动作的规范掌握。

第三,传统武术组合或套路的掌握必须建立在熟练的基础上,熟能生巧,巧可促练。只有达到了一定的熟练程度,才能够娴熟地练习组合或套路,真正做到"心动形随""形断意连",进而实现内外兼修。

### 9.重视教学安全

体育活动总是伴随着一定的风险,作为一项特殊的体育活动,传统武术也不例外。

技击性是传统武术运动的重要特点之一,无论是传统武术基本功练习,还是传统武术功法、对抗练习,都具有一定的不安全因素,会对学生的运动实践构成一定的安全威胁,对此教师必须高度重视,强调安全教育。

安全教育具体是对学生的关怀,是素质教育中的重要环节。在传统武术教学过程中,教师要树立以人为本的教育理念,务必将人的身心安全因素放在重要地位,最大限度地减少和降低传统武术教学过程中所有危险因素。

由于在传统武术教学中总是隐藏着诸多的不安全因素,如果忽视这方面的教育工作,则可能对学生的身心安全造成不良的影响,甚至可能造成严重的教学事故。因此,要科学实施安全教育,在教学中应注意以下几点。

第一,在传统武术教学课程正式开始前,教学过程中以及教学活动结束之后,教师应经常性地进行安全检查和教育。

第二,传统武术教学中应使学生明确武术习练的目的是强身健体,武术基本功练习应量力而行,避免练习超出自身能力的难度动作。

第三,端正学生习练武术的态度,避免学生争强好胜,进行盲目的武术格斗和搏击。

第四,在练习各种武术器械时更应该认真讲解和示范规范的操作动作,并注意保持学生之间的距离,避免意外受伤的出现。

第五,要通过武术课堂的各种练习不断适应各种气候、场地、训练强度,以提高学生的机体适应能力,并在武术技能习练过程中重视自身的运动健康与安全保护。

## 三、高校武术教学的任务与内容

### (一)传统武术教学的任务

#### 1.发展学生身体素质

传统武术是一项可以全面锻炼参与者身体的运动。只要科学参与武术运动,并坚持长期参与,就一定能在传统武术习练过程中促进身体的运动系统功能的发展和身体体能素质、器官机能的提高。

通过传统武术教学,能够促进学生身体正常发育,全面提高其身体素质。增强其体质,而要想进一步提高传统武术技能,就必须打好身体基础,发展体能素质,增强运动能力,为更好地学习和掌握传统武术技能奠定基础。

在传统武术教学中,发展学生的身体素质应包括两方面内容:一方面,促进学生身体机能能力、身体形态和心理状态的正常发育;另一方面,促进学生身体各方面素质的全面发展,包括身体素质(力量、速度、柔韧性、耐力等)、实践工作能力以及体能能力等,并培养学生自我习练的良好习惯,不断提高技术水平,将传统武术作为终身体育锻炼的重要手段。

#### 2.发展学生心理素质

体育教学具有促进学生心理素质健康发展的重要任务,传统武术作为体育教学的一个重要内容,也应重视学生心理素质的健康发展。

通过传统武术文化、基本功、技击原理、技法等的学习,学生应具有坚强的品质,集体主义精神和勇敢拼搏的良好意志,形成自己的世界观、人生观以及价值观。

#### 3.促进学生掌握武术理论及技法

促进学生掌握传统武术理论知识与技法原理、动作是现代传统武术教学的重要任务之一。对于在校学生来说,既然是参与武术教学,就必须学习和掌握武术运动的基本理论和动作技巧,这是武术教学的重要内容,也是学生更深层次、更进一步丰富武术理论与技法的重要基础。需要特别提出的是,武术运动知识与技术的学习并不只是为了学习,更重要的是希望学生通过接受武术教学,形成终身体育意识和习惯。

具体来说,传统武术教学应使学生掌握教学大纲所规定的武术基本技术、知识。分别阐述如下:

(1)传统武术基本知识

体育的一般理论,与体育相关的其他学科的理论,传统武术的起源与发展、内容及分类、文化内涵等。

(2)传统武术基本技术

包括传统武术的基本功、基本动作、动作组合、基本技能、动作技巧等。

(3)传统武术基本能力

包括提高学生传统武术基本技术的自我表现能力、水平和效果;提高学生在实践中灵活运用武术技术、技巧的工作能力;培养学生进行传统武术习练的良好习惯。

### 4.培养学生道德思想

传统武术具有丰富的文化内涵,是我国几千年文化和民族精神的结晶。在现代社会中,物质的丰富使得许多人迷失了自我。而传统武术求真求实的理念,能使许多参与武术运动的人重新了解生活的真正意义,找到真正的自我。

通过传统武术教学,学生应充分认识与了解我国传统文化,并养成良好的道德意识和提高对社会主义精神文明的认知。具体来说,通过传统武术学练,学生应实现以下几方面的进步与发展。

第一,培养学生对传统文化的兴趣,增强爱国意识。

第二,培养学生良好的个人品格,努力奋斗,开拓进取。

第三,增强学生自身的约束能力,构建良好的人际关系教育。

第四,培养学生尊师重道、文明守礼的品行。

## (二)传统武术教学的内容

从传统武术教学课程类型来说,传统武术的教学内容包括武术理论知识,武术动作、技法教学两大部分。

从传统武术内容体系构成来说,武术运动以功法练习、套路演练和技击实战为基本运动形式。而在一般的武术教学中,最常见到的种类为武术基本知识、基本动作和基本能力。上述三类武术教学内容是在常规教学中比重最大的,这里重点对此进行分析。

### 1.武术理论知识教学

传统武术理论知识教学主要是针对传统武术一般知识(包括起源、发展、流派、特点等)、传统武术哲学思想、传统武术文化内涵以及传统武术技法技理、运动规律与特点等的教学。

通过传统武术理论知识教学,学生能对传统武术有一个全面、深入的了解,有助于了解传统武术文化,掌握传统武术的精髓,便于激发学习武术的兴趣,有利于调动武术学练的积极性与主动性,并为之后的武术功法、套路、格斗等的实践学练奠定良好的理论基础。

就目前我国学校传统武术教学来说,当前我国开设传统武术教学课程的高校,普遍存在重实践教学而轻理论课教学的现象。我国高校在传统武术教学中,对理论知识安排的课时很少,有些学校甚至没有开展传统武术理论教学,由此导致学生缺乏传统武术理论知识和文化知识,致使学生不能全面认识传统武术,单就教学效果来看,不利于传统武术教学质量的提升。从长远来看,则不利于传统武术教育的传承和发展。

传统武术理论知识和传统武术运动实践共同构成了学校传统武术教学的内容体系。因此,必须同样得到重视,不可偏废其一。

### 2.功法运动教学

功法运动是传统武术的重要运动形式,其与武术套路、武术格斗共同构成了传统武术实践教学的内容。

功法运动是指以单个武术动作为主进行练习,以达到健体或增强某一方面体能的武术运动。功法运动主要是习练武术套路和攻防格斗的基础。

按照形式与功用,可以将传统功法运动分为内功、外功、轻功和柔功四类(表 2-1)。

表 2-1　传统武术功法运动内容

| 内功 | 也称"内壮功""内养功",包括静卧法、静坐法、站桩法和鼎桩法等,内功练习有养精蓄锐、疏通经脉、内壮外强之效 |
|---|---|
| 外功 | 也称"外壮功",通过专门的技法训练提高身体击打、抗击打、摔跌、磕碰的能力,外功练习有强健筋骨、增强体魄之效 |
| 柔功 | 指提高身体柔韧性的专门武术练习方法和手段,武术基本功中的各种压腿、扳腿、下桥、压肩等都属于柔功 |
| 轻功 | 也称"弹跳功",可增强弹跳能力,使习武者蹦得高、跳得远 |

需要特别指出的是,轻功是提高武术专项技能的训练方法。但是,传统武术中的一些功法缺乏理论依据或纯属捏造虚构,如"金钟罩""刀枪不入""飞檐走壁"等是对传统武术功法的过分夸大和不实描述。

### 3.武术套路教学

套路运动是传统武术的重要内容之一,因此也是传统武术教学的重要内容之一。当前,我国各级高校的武术教学除了武术基本功外,占据课时最多的就是武术套路了。

根据演练形式的不同,可以将传统武术的套路运动分为单练、对练和集体演练三种类型。高校传统武术教学中的武术套路主要以单练为主。

所谓单练,即单人演练的武术套路,包括拳术和器械两大类。

(1)拳术

拳术是传统武术的重要内容之一,高校传统武术拳术教学主要有长拳、南拳、少林拳、太极拳等。

(2)器械

传统武术器械套路种类众多,传统武术器械有十八般兵器,各兵器均有相应的套路。但是,目前,在传统武术教学中的武术器械套路主要涉及武术初级器械套路,包括初级刀术、初级枪术、初级棍术和初级剑术。

### 4.武术格斗教学

传统武术中的格斗运动,具体是指两个习武者根据既定的规则进行的对抗、搏击练习。目前,传统武术中比较常见的格斗运动形式主要有散打、推手、长兵和短兵等,目前,只有散打被纳入了传统武术课程教学,其他几种格斗形式在我国各级各类学校中目前几乎很少涉及。

传统武术的攻防技击性深受广大学生的欢迎,因此,武术格斗内容具有广泛的学生基础,但是,在传统武术实践教学中却存在"学生喜欢传统武术,但不喜欢上武术课"的教学问题,究其原因,在当前教学大纲没有对武术教学具体内容做出统一规定的情况下,各校缺乏统一的武术教材,教师在制订教学计划和开展教学时,只注重武术动作的外形和规格,使得传统武术教学的过程较为枯燥,不利于学生的学习。对此,体育教师在教学过程中,应尽可能地克服传统武术教学大纲的局限性,发掘简单实用、动作组合少的攻防动作,丰富武术教学内容,调动学生学习传统武术的积极性。

# 第二节　高校体育武术教育的基本任务

## 一、高校武术教育传播武术技能与文化的任务

### (一)传承民族传统文化的必要性

中国传统文化是指以华夏民族为主流的多元文化在长期的历史发展过程中融合、形成、发展起来,具有稳定形态的中国文化,包括思想观念、思维方式、价值取向、道德情操、生活方式、礼仪制度、风俗习惯、文学艺术、教育科技等诸多层面的丰富内容。[①] 任何一种民族传统文化是该民族的根和魂,是维系该民族存在的根本的东西。传统文化对中国现代社会的发展确实具有不可或缺的作用:第一,传统文化具有激励、凝聚等作用。民族传统文化孕育了民族精神,民族精神是民族传统文化的精华,是

① 周仲辉,罗兵.地方报纸历史文化传播的现实意义[J].传媒观察,2012(2):32—33.

民族的人文精神和精神的结晶,是民族生存的精神之链。民族精神是一个民族赖以生存和发展的精神支撑。一个民族,没有振奋的精神和高尚的品格,不可能自立于世界民族之林。因此可以说饱含民族精神的传统文化具有一种精神力量,能发挥激励、凝聚的作用。第二,传统文化是一个民族的身份象征,是一个民族区别于其他民族的最显著的标志,它有利于本族人对自己民族产生认同感和归属感,是影响本族人对自己民族产生归属感和认同感最主要的因素。第三,传统文化有利于提高一个国家的文化软实力。文化软实力是软实力的一种形态,是指一个国家依靠文化和理念方面的因素来获得影响力的能力。中华优秀传统文化是构成中国国家文化软实力的内部因素,也是体现国家文化软实力的外部符号。总之,中华民族传统文化是构建中国国家文化软实力的基础。不少学者指出建设我国文化软实力要立足民族文化,不然会影响本国的政治、经济,社会生活也会出现乱象,引发诸多社会问题。

从以上分析可知,传承民族优秀传统文化对解决民族文化危机、维护本国文化安全、提升国家文化软实力等都具有重要作用。

### (二)武术教育在传承民族传统文化中的作用

武术教育是以武术为主要教学内容的教育活动,通过传授武术技术、武术理论、武术道德、武术礼仪等具体内容而达到育人的目的。武术是一种具有中华民族特色的防身自卫术,同时武术也是中华民族传统文化的重要载体,武术是在民族传统文化的熏陶和感染下成长发展起来的,它与传统哲学、传统伦理道德、传统兵家思想、传统美学、传统中医等传统文化具有千丝万缕的联系,其技术动作、武德礼仪等方面无不承载着传统文化的内涵。武术教育在对学生进行武术技战术、武德礼仪的教学过程中,也能让学生感受到传统文化的熏陶,从而把民族传统文化的内涵传递给现代的年轻人,让传统文化在各代人之间继续延续。

## 二、高校武术教育强健习武者体魄的任务

### (一)尚武精神对个体和国家的作用

尚武精神就是崇尚武力或崇尚武勇的意思,而且大多认为"尚武"与

"崇文"具有相对的含义。尚武精神是一种崇尚武力和勇敢的精神,所谓"尚武精神"的原始含义,是指人类在武力冲突中战胜敌人所需要的各种精神品质。尚武精神的实质一是崇尚武力,不要把武力仅仅看成一种野蛮的暴力(特别声明一下,这里不是提倡滥用暴力),二是具有勇敢精神,必要时要敢于"亮剑",不怕牺牲,这种精神对于个人或对于一个民族都具有非常重要的意义,尤其对于一个民族来说,这种精神就显得格外重要。

## (二)武术教育对大学生强健体魄的培养

武术教育对大学生的培养主要表现如下:

### 1.培养心力

即民众应自以为强大而不能自以为弱小,也就是我们平时所说的自信品质,自信对于每个人来说都非常重要,正如俗话说"信心就是力量"。

### 2.培养胆力

即排除畏惧心理的能力,也就是现在所说的勇敢品质,勇敢品质对于军人是必不可少的,正如电视剧《亮剑》中所说"狭路相逢勇者胜"。

### 3.发展体力

要通过艰苦锻炼以造就强健的体魄,掌握一些格斗防卫技能,从国家层面上来说要加强"武备"。需要补充一点的是,在中国提倡尚武精神还得消除民众、国家对"武"的偏见,不要把"武"仅仅看成是破坏性的暴力机器,应该看成是保护和平的坚固盾牌,国家应提高习武人的社会地位,鼓励民众积极参与体育活动、习练防卫格斗技能,民众应积极参与这些活动。

武术教育对培养尚武精神具有一定的作用。第一,武术教育有利于消除民众对武力的偏见,让更多的人正确地认识武文化。在中国武术文化中认为"止戈为武",也就是武力是为了消除暴力、保护和平而存在的,在武术教育中要教导学生这些思想,让民众认识到武的重要性。武术教育能够培养自信、勇敢的心理品质,这对普通民众尤其是军队的士兵具有重要意义。第二,武术教育能够增强体质、发展体力、传授搏斗技能,这是武术教育最基本的作用。

## 三、高校武术教育弘扬民族精神的任务

民族精神是一个民族在长期共同的生活和实践中,逐步形成和培养起来的,并通过他们特定的社会行为方式表现出来的思想观念、价值信念、性格和心理的总和。民族精神集中体现了一个民族及其文化的个性和特质,是被高度概括了的一个民族共同的精神气质和风貌。民族精神具有民族凝聚、精神激励、整合创新等功能,对一个国家或民族的文化、经济和政治等方面产生很大的影响。民族精神是一个民族赖以生存和发展的精神支撑。一个民族,没有振奋的精神和高尚的品格,不可能自立于世界民族之林。从这里可以认识到,在当前时代中弘扬和培养民族精神具有非同一般的意义。

### (一)中华民族精神的基本内容

一个民族的民族精神的内容既具有传统性也具有时代性,既表现出一定的稳定性也呈现出易变性,不同的民族具有不同的民族精神,同一民族在不同的历史时期该民族的民族精神的内容也表现出一定的差异性。对于中华民族精神来说,不同的专家学者对民族精神的概括和总结也存在一定的差异。民族精神概括为:重德精神、务实精神、自强精神、宽容精神、爱国精神。中华民族精神的核心是自强精神,自强是中华民族精神的核心,自强精神在中华民族精神中处于核心的地位,在维系中华民族的统一和推动中华民族的前进两个方面都起了最巨大、最主要的作用。在五千多年的发展中,中华民族形成了以爱国主义为核心的团结统一、爱好和平、勤劳勇敢、自强不息的伟大民族精神。这是对中华民族精神基本思想和核心内容的最有权威性的概括,把民族精神归纳为爱国精神、团结统一、爱好和平、勤劳勇敢、自强不息等五个方面的内容,其中以爱国精神为核心。

### (二)武术教育对培育民族精神的作用

民族精神是民族文化的核心,也是民族意识的最高表现形式。任何一个民族的民族精神既不会自发生成,也不能从其他民族移植或者复制,而是要通过各自民族自己努力地弘扬和培育,才能把一种个别人或少数

人所具有的高尚精神转化为一个民族大多数人所具有的高尚精神。民族精神是一个民族的精神支柱,世界上几乎每个国家都十分重视自己国民的民族精神教育,尤其重视青少年的民族精神的教育,各国都把民族精神培育作为青少年道德教育的重中之重,致力于培育自己国家青少年的民族精神。在民族精神的培育过程中,世界各国都非常重视学校教育的作用,把学校教育作为培育民族精神的主渠道。

武术教育作为教育的一种形式,它对培育民族精神具有特别重要的意义。关于利用武术教育来培育民族精神的论文或书籍为数不少,内容也涉及武术教育培育民族精神的特点、具体作用、方法手段等方面。在这里简单地分析武术教育对中华民族精神所包含的各种具体精神的培育作用。

中华民族精神具体内容包括爱国精神、团结统一、爱好和平、勤劳勇敢、自强不息等五个方面的内容,武术教育对中华民族精神所包含的爱国精神、爱好和平、勤劳勇敢、自强不息具有促进作用。就培育爱好和平精神来说,武术教育是具有一定促进作用的。"止戈为武"是武术界的一种主流观点,认为武术的主要作用是让手持兵器的好斗之士放下武器,停止血腥地、野蛮地杀戮,也就是武术是为了保护和平而存在的。在实施武术教育过程中,都会告诫学生"习武是为了不武",也就是应该为了保护和平而习练武术,而不能为了征服别人、欺压弱势而学习武技。除了给习武人灌输保护和平的思想之外,还要求在平时的生活实践中去践行这种精神,习武人若出现无事生非、欺凌弱小的行为,会受到相应的批评甚至惩罚。在武术教育这种爱好和平思想的教育下,对学生形成爱好和平的认知具有一定的促进作用。

## 四、高校武术教育塑造青少年思想道德的任务

武术教育作为教育的一种形式,具有相对全面的教育功能,对提高青少年的思想道德素养、增强青少年的意志品质、提高青少年的体质等都具有一定的作用。

第一,武术教育能提高青少年思想道德素养,对青少年爱国、忠诚等

思想的形成具有促进作用,历史上培养了不少具有爱国、忠诚的习武之人,如"精忠报国"的岳飞、抗倭名将戚继光等,尊敬师长、诚信等道德规范是习武之人必须遵守的,"尊师重道""一诺千金"是习武人的信条,"忘恩负义""言而无信"往往会招致众人的唾弃,甚至招致严厉的惩罚。

第二,武术教育能提高青少年的心理素质和意志品质,让青少年心理更加健康,意志品质更加顽强。通过武术教育,使青少年更加勇敢和自信,在不断对抗过程中也会让青少年在面对艰难环境时更加冷静,自信、勇敢等品质是心理素质的构成因素。习武也会磨炼人的意志品质,让青少年变得更加坚韧、更加勤奋、更加有恒心、懂得忍耐,使青少年懂得奋斗的必要和面对挫折的坦然。

第三,武术教育能提高青少年的体质,使青少年身体更加健康。武术技术动作是符合运动解剖学、运动生物力学等人体科学的要求的,武术实战能力的提高要求运动员承受相对大的运动负荷,经过长时间的武术习练能使学生肌肉更加发达、骨骼更加坚韧、身体机能和身体素质不断提高。

第四,武术教育能提高青少年的适应能力、有利于塑造健康人格。武术教育能使青少年学会宽容、懂得谦虚、提高沟通能力、形成合作意识,这一切都有利于青少年适应现时的学习生活及未来的社会生活。由于武术教育对青少年的性格、道德等方面影响较大,所以其对塑造青少年人格的作用也较大。

# 第三章　高校武术教学方法与创新

## 第一节　常规武术教学方法分析

高校武术教学方法的运用要根据教学任务、教材特点、学生实际、作业条件等具体情况来确定,这是提高武术教学质量的关键。

### 一、讲解示范法

(一)讲解

讲解要做到用语简练,重点突出,目的明确。讲解要根据教学任务和学生的实际水平采用不同的方法,富于趣味性和启发性,并注意讲解的时机和效果。

1.讲解的主要内容

动作规格:讲解动作规格,使学生明确具体动作的规格要求,有助于技术的掌握和提高。

攻防含义:讲解攻防含义,使学生明确动作的实质,有助于准确地理解和掌握动作要领和使用方法。

基本技法:基本技法是指武术动作中经常出现的带有一般规律性的技巧和方法。例如,向前冲拳定势时总是拳背(平拳)或拳眼(立拳)朝上;又如,冲拳、推掌总是要求拧腰、顺肩;再如,拳收到腰际时总是拳心朝上。

关键环节:讲解掌握动作的关键,帮助学生较快地学会动作。

易犯错误:对易犯错误的动作进行讲解,可以提醒学生防止这类错误的发生。

### 2.讲解方法

顺序化讲解:武术动作的讲解,一般先讲下肢步型、步法,再讲上肢手型、手法,然后讲上下肢配合方法。

术语化讲解:武术动作名称是按照动作结构、形象和运动方法而取名,一般能表达动作的全貌,如"弓步冲拳""马步架打"等。讲解时,把动作规格和动作术语结合起来,便于学生记忆动作和正确理解动作要领。

形象化讲解:指以常用的自然现象比喻动作形象,如讲"提膝亮掌"犹如金鸡独立,将"仆步穿掌"比喻为燕子抄水一般。

单字化讲解:指把动作过程归纳为简明扼要的几个字进行讲解,如"腾空飞脚",可把蹬地起跳、摆腿、提腰提气、拍手拍脚击响的过程归纳为"蹬、摆、提、拍"四个字讲解。

口诀化讲解:指把动作要领或动作顺序编成顺口溜进行讲解,如讲解弓步,口诀为"前腿弓,后腿绷,挺胸、塌腰莫晃动"。讲冲拳、推掌的高度,口诀为"冲拳不过肩,掌指齐眉尖"。

## (二)示范

示范在直观教学中占主导地位,示范要力求做到准确、熟练、优美,并突出武术特点。它可以使学生了解所学动作的形象、结构、要领和方法,是学生通过直观的感性认识获得动作概貌的主要手段。

### 1.完整示范

完整示范能使学生了解动作全貌,形成完整的概念。在下列情况下可运用完整示范:

第一,对新授教学内容的武术动作,可采用完整示范,能帮助学生建立第一印象;

第二,对结构简单和难度不大的动作可采用完整示范;

第三,对有一定基础的学生可采用完整示范。

### 2.分解示范

分解示范是针对比较复杂、难度较大的动作所进行的教学方法,它便于学生了解动作的细节,更好地掌握动作的完整性。在下列情况下可运用分解示范：

第一，动作结构和方法路线较复杂繁难的动作，可分为上下肢两部分或几个小节来进行示范教学；

第二，攻防因素较多的动作，可按攻防含义的顺序进行示范教学；

第三，富于顿挫的动作，可按动作结构的顺序进行示范教学。

武术套路中顿挫性的动作掌握得好坏，直接影响着节奏的鲜明。这类动作必须具备如下基本特征。

(1)在一个动作里含有轻重之分的特征，可按轻重对比因素划分出细节进行教学。

(2)在一个动作里含有突然改变方向的特征，可按突然变向的部分划分出细节进行教学。

(3)在一个动作里含有擒纵或拿打的特征，可按一擒一纵或一拿一打之分进行教学。

分解示范是为了使学生更好地掌握动作，因此不宜将动作分解过细，应尽快地向完整动作过渡。分解示范与完整示范应有机地结合起来运用，一般应遵循"完整——分解——再完整"的原则。

### 3.示范面、示范位置与示范速度

示范是为了要解决问题，因此要注意示范面、示范位置和示范速度的选择与运用。

(1)示范面

示范面有正面、背面、侧面和镜面四种。在教学中，可根据需要灵活选择。一般情况下，单个动作可采用正面或侧面示范；组合动作和套路动作可采用背面示范；领做武术操或准备活动时可采用镜面示范。例如，马步动作，为了使学生弄清两脚开立的宽度和脚尖正对的方向，可采用正面示范；要看清挺胸、塌腰、膝盖不能超过脚尖的规格，可采用侧面示范。

(2)示范位置

教师示范位置的选择应根据学生人数和队形来确定，要以有利于学生观察为原则。一般可站在横队的等腰三角形的顶点，如四列横队，可以让前面两列学生坐下或蹲下,使后排的学生也能看清示范动作;也可以采用两列横队相对站立,教师站在中间示范。示范时尽量使学生避免面向阳光或迎风。[①]

(3)示范速度

示范速度可分为慢速和正常速度两种。示范速度应根据动作的难易程度而定。一般较易掌握的动作可采用正常速度进行完整示范;对于较难掌握的动作可采用慢速示范。示范与讲解应有机地结合起来运用。在武术教学中,有时可先讲解后示范,或先示范后讲解,还可边讲解边示范。一般来说,对于新的教材内容和基础较差的学生进行教学时,应以示范为主;对于复杂教材内容和基础较好的学生进行教学时,应以讲解为主。

## (三)领做与口令

在教学中,领做与口令指挥是教师示范和讲解的一种特殊形式,也是武术教学的主要手段和方法。它能有效地引导学生掌握动作,也便于学生统一行动。

### 1.领做

教师做动作来带领学生进行模仿练习,通过领做使学生初步掌握套路动作的方向和路线。领做时应注意以下几点要求:

领做位置要恰当:教师领做的位置一般应站在套路运动方向的斜前方,要与学生的运动方向一致。当动作方向发生改变时,教师的领做位置也要随着学生运动的方向而转换,同时应利用学生重做或口令提示要领的方法,使教师有时间走到所变换的位置上继续领做。这样,不仅能避免学生的记忆发生混乱,而且有利于掌握套路动作。

领做与口令指挥相结合:教师的领做应稍慢一点,便于学生观察与模仿,同时要把用简明的语言提示与口令指挥有机结合起来。武术教学中,在传授新教材时应以身领为主,口令配合,使学生模仿动作更准确;复习

---

① 王晓云.段位制在高校武术教学中的推广研究[J].黑龙江生态工程职业学院学报,2018(5):158-160.

教材时应以口令为主,身领为辅,有利于帮助学生熟记动作。

### 2.口令

当学生已基本学会动作后,教师可用口令指挥学生练习。正确地运用口令,能统一学生的行动,达到整齐划一的教学效果。[①]

常用的口令:即一动一个呼号,这种口令适用于简单的动作和基本功练习,如有些动作需要分解成若干动作的连贯练习,可在原来一动一拍的基础上附加口令。一般发力的动作口令要短促、洪亮有力,过渡性的动作口令可适当放慢。口令的高低、长短、快慢一定要符合套路的演练韵律。

提示性口令:指在发出口令之前,加上动作名称或简明术语作为预令进行启发提示,如"搂手弓步冲拳——1"。对初学者或容易遗忘的动作可用提示性口令。

单字口令:根据动作结构特点,选择既能提示又能强调动作要领的单字口令,如"提膝点剑"动作的"提膝"可用"提"字,"点剑"动作可强调"点"字。

## 二、语言法

语言法也是武术教学中必不可少的重要方法,它通常与示范法互相配合,交替运用,不仅起到相互补充的作用,更能启发学生的思维活动,有时会起到仅靠示范所达不到的感知效果。

语言法的运用主要有讲解、口令、提示性信号三种方式。

### (一)讲解

讲解是语言法中的主要表达方式,讲解的内容主要包括:

第一,动作名称和技术规格;

第二,运动方法、路线及其要领;

第三,动作的攻防技击意义;

第四,劲力、节奏、精神与动作的配合与要求;

---

① 花妙林.中国武术段位制高校教程[M].上海:复旦大学出版社,2015:110.

第五,对错误动作的分析等。

讲解中应根据不同的教学时期有所侧重,明确、简练,不必一次和盘托出。讲解时要有层次,富有逻辑性,并力求生动,避免枯燥,可根据教学对象的具体情况采用形象化的语言教学,还可以使用一些比较严谨、通俗易记的教学口诀,便于学生记忆和感知动作要领。对具有一定基础和接受能力的教学对象可多采用一些术语,更加简洁明了。

### (二)口令

口令的运用在领做示范和组织练习中显得十分重要,可归于语言法教学的一部分。教师可控制口令来检查每一姿势的完成情况,又能控制运动节奏。口令一般要求清楚、洪亮,根据不同项目的特点可以采用不同的方法,如长拳、南拳讲求"动迅静定",一般宜明快干脆、铿锵有力;太极拳(剑)要求软绵徐缓,口令平稳柔长一些。口令通常最多叫到"8"为一段落,不要再接用"9""10""11"等,而应转入下一段落,再由"1"开始。

口令运用根据不同教学期的需要有所变化,如在动作与动作尚不熟练的情况下,可采用在动令之前加动作名称的提示性口令,如"马步冲拳,10","马步架打,20"等。在分解动作未过渡到连贯完整动作之前,宜运用分解口令,如10,20。在动作比较熟练的情况下可以运用口令的节奏变化来训练练习者的节奏,以表示动作的抑扬顿挫、起伏转折、快慢相间、动静有序。

### (三)提示性信号

提示性信号通常运用在组织练习之中,起到口令所达不到的提示作用,它可以穿插在动令之前或之后,如"30,走!""60,起!""注意发力,50"等。当教学对象开始进入独立演练的技巧自如期时,教师可以不用口令,仅用简洁明快的提示性语言加以督导,这可以帮助增强对套路意识的反应和节奏变化,逐步由被动到主动,逐步减少,最后达到完全脱离教师指挥控制的自如期,创造富有个性的韵律。

示范与讲解在教学中交替运用时,通常在初型概念期和基本成型期多采用先示范、后讲解;在巩固定型期和技巧自如期多采用先讲解、后示范;在领做示范时,常采用边示范边讲解。

## 三、练习法

### (一)练习方法

练习是学生在教师指导下,通过反复实践掌握和提高武术技术技能的主要方法。教学中经常采用的练习方法有模仿练习、重复练习、默想练习等。

模仿练习:学生进行模仿练习主要是为了弄清和记住动作的运动路线、方向及方法,并能初步学会动作。因此,在模仿练习时教师不要随意更换动作练习的方向,同时将课前培养的学生骨干或基础较好的学生安排在队形的四周,有利于提高模仿练习的效果。

重复练习:学生初步学会动作后,教师应及时组织学生进行重复练习,以使逐步形成正确的动作动力定型。教师对重复练习的形式、时间、次数要根据本课的教学任务和教学内容来确定。同时,教师要向学生讲清各种练习的具体要求和注意事项。

默想练习:默想是学生通过意念活动,重现大脑获得的动作表象,达到强化动作和技术练习方法的目的。默想练习一般在新学动作之后或复习动作之前进行采用,能帮助学生加深动作印象,同时也是有利于学生消除疲劳、调节运动量的一种有效手段。课上采用默想练习的时间一般不宜太长,每次约1～3分钟。

### (二)练习形式

武术课组织练习的形式一般有集体练习、分组练习和单人练习等。

集体练习:集体练习是对全班学生进行集中指导、共同练习的形式。它主要由教师用身领或口令来指导学生练习,便于统一行动要求。在口令指导集体练习中,教师应注意观察学生所存在的共性错误动作,以便及时纠正。

分组练习:分组练习是集中指导后将全班学生分成若干小组进行练习的形式。分组练习一般在学生基本掌握本课内容后,由教师提出要求,各小组长或学生骨干带领本组同学进行练习。分组的形式有以下两种:

一是若干组按指定场地练习,教师轮流指导;二是一组练习,多组观摩,教师评议。

单人练习:单人练习是学生单独完成动作演练的形式。单人练习一般在学生基本掌握动作后,教师提出练习要求,学生单独进行练习,有助于掌握和巩固动作,同时能消除学生对老师或同伴的依赖性,培养学生独立思考和练习的能力。在单人练习过程中,教师要有针对性地进行个别辅导,指出错误,因人施教。

## 四、检查与纠正错误法

武术教学过程中,教师必须及时获得学生掌握技术程度的信息,并通过反馈回路对教学进行控制,争取实现最佳的教学效果。检查就是获得这种信息反馈的有效途径。[①] 纠错则是教师将获得学生学习过程中存在的错误或不足等反馈信息,经过校正后再反馈给学生去纠正错误、解决不足,使学生动作技术得到不断改善、提高的过程。

### (一)检查法

武术教学常用的检查法有观察法、提问法、抽查法、测验法和比赛法。

观察法:教师依靠视、听等感觉,观察学生出现的错误及学习效果。

提问法:教师向学生提出问题,了解有关教学内容的掌握情况。

抽查法:教师抽查个别学生独立演练,检查其动作规格、熟练程度。

测验法:教师对学生所学内容进行阶段性检验。

比赛法:教师通过教学比赛的形式,检查学生掌握和运用技术情况。

### (二)纠正错误法

纠正错误是指教师对学生在学习掌握动作的过程中所出现的各种错误加以指出,并帮助他们改正。一般常用的纠正方法有以下几种:

慢速分解领做:由于学生接受能力和协调性较差而出现错误动作时,教师要耐心地反复讲清动作技术要领,可采用动作分解、慢速示范、多领

① 赵斌. 提高公安武警院校武术教学质量的思考[J].军事体育进修学院学报,2012(1):91-93.

做等方法帮助纠正。

静耗体验:由于学生肌肉本体感觉差,不能有效地控制动作而出现错误时,教师应强调其动作的规格和要求,可采用站桩的静耗、控腿等方式,使学生增强有关肌肉用力的感觉来帮助纠正错误动作。

保护帮助:由于学生怕出危险而做不好动作时,教师可采用一些有效的保护和帮助的方法来消除他们的心理障碍,并让学生放心地体会动作要领,逐步克服动作中的错误。

语言提示:由于学生遗忘动作或对动作要领不清楚而出现错误时,教师可采用提示动作名称或动作要领来启发、诱导学生完成正确动作的运动过程。

对比分析:由于学生不理解动作性质和作用而出现错误时,教师可根据动作的攻防性质找出差异,并通过正误对比示范法,使学生弄清动作的不同之处,达到帮助纠正错误的目的。

助、阻合力法:由于学生辨别动作的时空感觉或运动能力尚未形成而出现错误时,教师可采取施加助力或阻力的方式,帮助学生体会肌肉用力而完成动作。

附加条件法:由于学生不适应某些动作的做法而达不到规定标准时,教师可采用设定标志的方法来帮助学生克服动作的不足。例如,做大跃步前穿动作时,学生跃步只高不远,教师可在前方设一标志线,要求落点超过此线等。

攻防示范法:由于学生不理解动作的性质和作用而出现错误时,教师可讲解并加以示范该动作的攻防含义和方法,帮助学生纠正错误。

素质补缺法:由于学生某些素质差而做不好动作时,教师应采取发展这些素质的措施,逐步提高动作质量。例如,学生两臂不协调或因肩部柔韧性差抡臂不快,因下肢力量差某些步型不到位等,教师要根据实际情况加强相应的练习。

总之,选择纠正错误的方法要有的放矢,因为有的错误动作是多种因素造成的,这就要求教师要善于辨别产生错误的主要原因,抓住主要因素进行纠正。在纠正错误时,如属于共性错误的应采用集体纠正,特殊的错误应采用个别纠正。同时要启发学生分析错误动作的因果关系,培养他们分析问题和解决问题的能力。

## 五、评价法

### (一)观察与提问

观察:观察是教师在武术教学过程中,及时了解学生掌握动作技术程度最直接的方法。教师在观察中,首先要善于发现学生在练习中所出现的问题并进行分析;其次要及时反馈指导。例如,教师在用口令指挥学生进行集体练习后,及时评议练习中的长处,同时指出所存在的问题和应注意的事项,使学生及时知道每次练习的效果,以利自我调整。

提问:提问是教师随堂提出问题,要求学生根据教师所提出的问题进行扼要说明自己的体会和见解,是教师了解学生掌握武术知识和技能情况的主要方法。提问的内容要简明,要与讲解的内容相一致,如分析动作的规格与要求、劲力与协调、精神与节奏等。同时,教师要掌握好提问的时机,启发学生的积极思维。

### (二)抽查与测验

抽查:抽查是教师随堂让单个同学或 2~3 个同学进行演练,检查武术动作是否正确、协调,套路动作是否连贯熟练的一种方法。抽查时,对于接受能力强、技术动作掌握好的和接受能力慢、技术动作掌握较差的学生均要重点抽查,以使同学之间互相观摩、互相学习、互相帮助,达到共同提高的目的。

测验:测验是教师对学生所学的武术技术进行阶段性考查或学期考核的方法。测验是检查教与学的主要环节。因此,教师应根据教学大纲和教学基本要求来确定测验的内容,制定出评分方法和标准;测验中要以学生现场独立演练的技术水平为依据,并做出客观的评价;测验后要认真地加以教学总结,以便对今后的教学工作进行改进与提高,争取实现最优化的教学效果。

### (三)教学比赛

教学比赛是调动学生学练武术积极性,培养他们的习武热情,使他们在"竞争"的条件下进行演练,互相取长补短、交流技艺的重要方法。教学比赛可采用班级、小组及个人三种形式进行。比赛的内容可分基本功和基本动作的比赛、套路比赛或攻防格斗比赛(攻防格斗比赛要保证安全)。评分可由教师评判或学生评议与教师评判相结合来予以评定。

另外,在条件许可的情况下,还可以采用多媒体教学。进行观看技术录像、光盘和多媒体课件,学习动作组合及结构复杂的动作,或进行套路和散打全程演示。分析动作规律、剖析制约环节、讲评适用功能、引导演练技巧;探究武术组合或套路记忆问题、繁难动作掌握问题、武术图解识别和自学问题、武术动作改编创新及专项身体素质提高问题等。

## 六、武术术语教学法

高校武术教学中分为专业武术教学和非专业武术教学。武术专业的学生在武术技能、武术意识等方面都比较突出。目前,大多武术专业的学生,武术技能较好,语言表达能力较差,对于某一动作的要领、特点却表达不出来,或说得不完全。武术专业是培养具有较高业务素质和专业技能的武术人才、教师、教练、研究人员等,所以在学习武术技术的同时,也要加强对武术理论及武术术语知识的学习。

非武术专业的学生,基础较差,在学习技能的同时学习一些武术的理论知识、武术术语,对武术技能的学习及拓宽武术视野都有很大帮助。武术的内容丰富多彩,按其运动形式可将武术概括为三大类:套路运动、对抗运动和功法运动。每项运动都有武术术语。武术术语是描述武术内容的名称及要领、要求、特点的专门性语言,它是对武术内容、动作的描绘,较确切地指出其结构和基本特点,所以要求既"准确"又"简明"。武术运动无论是一个完整的动作,还是套路练习,对手眼身法步、精神气力功以及节奏变化等技术方面都有具体要求。语言是人类思维的武器,是人们的交际工具。同样,武术的语言是以人体为依托,以动作为组块,所以教师在语言讲解中采用术语讲解可收到简明扼要的讲解效果。

### (一)武术术语能引导动作的规范性

武术术语来源于动作的实践,但又高于实践,指导实践。运用术语的教学方法,既是实践性问题,又是一个理论问题。理论方面的缺陷将导致运用武术教学方法的片面,理论出现混乱又将导致运用武术教学方法的混乱。武术术语是武术运动特有的专门用语,掌握动作术语不仅能简化文字说明,而且有助于领会动作含义。

学生在武术教学中掌握技能是分阶段的,对武术技能的掌握和运用要经历从不懂到半懂再到全懂的过程,即经历了粗略地掌握动作阶段、改进和提高阶段、巩固运用自如阶段。武术的动作术语在这几个阶段中,时刻起着监督和指导的作用,使学生建立正确的动作概念,领会动作的要领和方法,使动作更加完善和规范。

## (二)武术术语能提高学生练习武术的积极性和兴趣,增强自信心

如何进行武术教学,如何将武术这一具有技术性又注重内外兼修的民族传统体育规范而又准确地传授给学生,使学生在有限的学时内尽可能较全面地掌握规范、系统的武术技能是现今武术教学的主要问题。非武术专业的学生大多数基础较差,或者说大部分学生从没有练过武术,属于"武盲",他们在上武术课前存在一些心理上的障碍,比如学习的目的不明确,积极性不高,怕武术太难学不会,怕考试不及格,怕苦怕累,认为练武就要受常人受不了的苦,有畏难情绪等。

其实,教师在教学的时候,除了要认真备课,正确示范,还要在讲解上有新意,能吸引学生的注意力,让学生感到武术"易懂且易学"。所以在语言讲解上多采用术语教学法,比如弓步的武术术语:"前脚微内扣,全脚着地,屈膝半蹲,大腿接近水平,膝部约与脚尖垂直;后脚脚尖里扣斜向前方,全脚着地"。学生只要按术语的要求做,就像小学的数学公式一样,直接套用,动作的雏形就基本出来了。教师可针对某些技术环节的共性问题及时进行提示和纠正,动作就达到规范和要求了,既节省精力又缩短时间,还能提高学生练习武术的自信心。

术语的简化就是口诀或谚语,如弓步的口诀就是:"前腿弓,后腿蹬,挺胸、立腰、别晃动"。武术教师在开始讲授动作时,要求学生边说边做,通过大脑思维把动作的技能及术语有机地联系起来,这样可达到能牢记

动作要领和及时纠正动作错误的要求。有时让学生齐声喊术语或口诀，能增加声势，活跃气氛，使课堂轻松愉快，而且能提高学生练习武术的积极性和兴趣。

### (三)武术术语能增加学生的武术理论知识,拓宽武术的知识面

武术内容丰富多彩,无论是功法运动、套路运动还是对抗性运动,都离不开武术术语。学生通过不断学习武术技能、武术术语也不断地得到积累,武术的知识面也在不断地拓宽,同时也提高了武术比赛、表演的观赏能力。

动作技能总是通过某种外显的操作或动作表现出来,人们也往往以外显的操作和动作来评价动作的掌握程度。教师在动作示范的教学过程中,学生通过学到的一些武术动作术语知识可对教师起到一个很好的监督、检查作用,提高了学生的观察判断力。武术理论知识的掌握和动作技能的提高,对高校大学生阅读武术书刊,学习各种武术套路,学术交流,都会有所帮助;为教练员、裁判员指导和评定运动员的技术水平提供依据;为学生以后的理论考试打下了良好的基础,而且能提高学生的写作能力,对今后的武术教学、研究及担当裁判工作等都有很大的帮助。

### (四)学生熟悉和掌握武术术语对阅读图解有很大帮助

武术图解是用文字说明和动作图示来记载武术动作和套路的方式。文字说明是讲解分析动作的详细过程及顺序和要领的,动作图示则是描绘动作姿势和身体各部位的运动路线。

武术图解的知识内容一般包括运动方向、运动路线、往返路线、叙述顺序、动作名称和要领说明等几个方面。

明了武术术语是看武术图解不可缺少的一个条件,武术图解的文字说明中,常用术语来表示动作,比如步法中的上步、退步、插步、盖步、击步等,步型中的弓步、马步、仆步、歇步、虚步等,对踢、打、摔、拿、冲拳、推掌、劈刀、扎枪、刺剑、云棍以及各种腿法、平衡、跳跃,各武术动作之间的关系,动作的方向和路线、动作的顺序等,都有术语文字说明。所以,熟悉和掌握好术语和武术图解知识,便于自学,帮助记忆,能提高学生学习武术

的独立性,对自修能力的培养和技术水平的提高有着重要意义,对中华武术的推广、交流、继承和发展也具有积极作用。

总之,在教师传授知识的过程中,既要求学生有语词记忆,又要有形象(示范)记忆;既要讲述理论,又要以情绪感染学生,使他们形成一些动作记忆。教师在动作讲解教学过程中,正确运用简明扼要的术语教学,学生可及时记忆动作要领,轻松地学会动作技能,牢记动作要领,巩固提高动作技能。所以合理地运用武术术语教学法能行之有效地提高武术课的教学质量,促进教学活动的平等、协调发展。

# 第二节　武术教学中多媒体技术的介入

随着多媒体技术的出现和迅猛发展,教育这个与人类息息相关的领域也受到了洗礼,并且在素质教育中的作用已变得越来越重要。多媒体作为现代化教学手段辅助教学,可以激发学生的学习兴趣,帮助形成学习动机,提供图文声像并茂的交互式学习环境,有利于学生的主动发现、主动探索,加上计算机网络可以提供协作学习模式,能有效促进学生所学知识的建立和整体素质的提高。因此,多媒体技术日益广泛地应用于教育的各个领域,走进校园,步入课堂,被越来越多的教师所接受并运用于教学实践中。

多媒体教学打破了传统教学的常规和模式,极大地丰富了教学的手段和方法,提高了学生学习的兴趣和积极性,加深了对知识的理解,从而取得了显著的教学效果。武术教学有其自身的特点,因受气候、场地、教学形式、经费等因素的影响,使计算机等多媒体教学受到了很大限制,而手提电脑的使用则从根本上解决了这一问题,使多媒体辅助教学在武术技术教学中的应用成为现实。

## 一、以往武术教学中存在的问题

### (一)教学手段单调

目前武术的技术教学和理论课大都局限于口授与模仿,也有的采用黑板、书本、幻灯、录像等媒介。这些媒体的运用,也能表达一定的文字、数值、声音、图像。但是由于录像的运用在进行实践课时不是很方便,因此只有在条件允许的情况下才能使用。多媒体计算机的运用可以实现信息的集成和控制。

(二)武术动作数量多,动作要求高,具有攻防技击的特点

武术属于较难掌握的体育项目,每套动作都包含方向、路线、架势结构、劲力方法、停歇顿挫、意气、神韵等许多要求,而且各动作之间有着快与慢、动与静、刚与柔、虚与实等变化,动作与动作之间的衔接变化复杂多变。要上好武术课,没有好的教学手段和方法就难以实现。多媒体技术就是提高武术教学水平的新手段、新方法。同时要想使动作达到规范要求,就必须强调攻防方法分析,在分析时如果只是纸上谈兵是不能达到应有的效果的,而进行实践的攻防没有多媒体技术,还有一定的危险性。[①]

## 二、多媒体在武术教学中应用的必要性

在传统的教学方式中,武术技巧的教学会受到多方面条件的限制。教师在教学中主要通过口授讲解、动作示范等教学形式向学生传授知识和技能。但是,由于示范的标准、动作技术的复杂程度、教师的自身因素等,教学效果并不十分理想,在很大程度上会影响到教学的质量。另一方面,在武术教学中,由于动作多,有些可能还比较复杂,综合难度比较高,势必影响学生对教学的理解程度,从而影响到学习效果。如果在武术教学中有效运用多媒体技术,能够将复杂或难度动作化繁为简,提高教学效率。

通过多媒体技术,使声音、图像、文字、动画等有机组合,首先在感官上给学生新颖的感觉,增强学生各器官的感受性,使学生保持一定的兴奋性,激发学生的兴趣;其次,通过多媒体技术,可以使学生多角度地看到技术细节,使教师的示范更全面、清晰;再次,教师通过多媒体技术,运用一些图片或文字,可以巧妙地表达平时不易表达的言语,给学生以鼓励、赞

---

① 曲萍.对武术教学中的运用多媒体技术的研究[J].知识经济,2015(17):113.

扬。教师根据教学计划、自己授课对象的特征以及有关学习理论去选择、设计相应的多媒体软件,服务于武术教学。比如,收集各种武术视听资料,包括各种高水平武术比赛录像、教学片等,把它们编排成 1 分 20 秒长度的若干课件,在每一教学时段里加以运用,从而起到优化教学目的的作用。

让多媒体在武术教学中发挥优势,体现它的效果,就要把它当作教师必备的一项基本功来掌握,运用自如,使它的价值真正显现出来。为了做到这一点,掌握这门技术是当务之急。而光有技术还不行,更重要的是教师教学理念的更新。利用多媒体教学虽然只起辅助作用,但是可代替教师部分工作,简化部分教学内容,同时也可加深学生的理解和记忆的改善。

## 三、多媒体辅助教学在武术技术教学中的作用

### (一)充分发挥教师的主导作用

武术教学有其自身的特点,很多时候需要教师的言传身教,因教师自身存在着个体差异(如身体素质、年龄、运动能力等),且武术技术复杂,所以一名教师很难把武术各种难度技术动作都能做出准确的示范讲解。在实际工作中,难免有错误、畏难的时候,甚至对教材由于主观原因自作主张予以取舍或敷衍了事。运用多媒体辅助教学就可避免这些问题。例如,在某些动作上,通过多媒体可以把动作局部放大,慢速播放,可以免去教师大量讲解示范,减轻教师的动作强度和压力,弥补教师自身能力上的缺陷,呈现给学生的都是现代、先进、准确的技术动作示范,简练而重点突出地讲解,在此基础上指导学生练习,充分发挥教师在教学中的主导作用。

### (二)加速学生运动技能的形成

在运动技能的学习过程中,我们往往提倡少讲多练,但是往往因为示范的位置、动作技术的复杂程度,从而需要多次变换示范的角度和位置并配上大量的语言讲述,结果上课效果并不十分理想。特别是一些技术含量较高且速度较快的动作,由于学生观察角度和反应快慢的差异,对教师

的技术示范和讲解不是很全面、清晰,结果导致学生掌握复杂技术的难度加大。多媒体辅助教学手段的运用可以弥补这些不足,增加了向学生输出的信息量,对学生视、听、触、本体感觉等器官全方位进行刺激,便于学生多感官接受知识,加深了学生对技术动作结构及动作之间内在联系的理解和掌握,从而加速了运动技能的形成和掌握。同时,由于学生对正确动作技术的理解,大大提高了分析、解决问题的能力。

## (三)提高学生学习的积极性

在进行武术技术动作学习时,运用多媒体辅助教学,可以营造良好的教学氛围。高水平的竞技、优美的技术示范、生动的画面、美妙的慢动作展示、图文并茂的技术分析使教学变得生动,从而激发了学生的学习兴趣和求知欲望,降低了学习难度,使学生对技术动作的学习看得见,看得懂,易理解,记得牢,提高了学生学习的自觉性和积极性,不仅获得了较好的教学效果,在相同的条件下,因技术动作掌握得较好,也相应地提高了学生的运动能力,反过来也会促进学生对武术运动的喜爱。

## (四)充分体现直观性教学原则

传统的教学方法往往忽视学生的适应能力和应用能力的培养,教材内容不够明确,重点和难点不突出,不能提供生动、直观、丰富的表象资料。学生在学习动作时没有主动选择的余地,学生学习处于被动地位。从武术技术特点看,一个完整技术基本上几秒就完成了,有的甚至更短。因此,在学生学习武术初始阶段,在学生对完整技术缺乏感性认识的情况下,教师的示范只能给学生留下一个模糊的表象,而在此基础上进行讲解,学生很难和技术动作联系起来,效果可想而知。采用多媒体辅助教学,教师可把技术动作的视听资料反复播放、慢放、定格,摆脱时空因素的控制,使短暂的技术动作在时间上展开,在空间上定位,其间穿插对技术的分析讲解,突出教材的重点、难点,便于学生深刻感知动作结构、部位细节,形成过程和方法,在大脑中建立正确的动作概念,充分体现了体育教学的直观性。

在武术教学中运用多媒体,不仅生动直观,还能创设教材难以提供的情景,改善教学环境,优化教学结构,给学生提供的语言实践机会更多了,有利于学生各种能力的提高。但是,运用多媒体教学不是提高教学效果的唯一途径和手段,教学中不能为了多媒体而使用多媒体,应该对教学内容采取与之相应的教学方法、方式,合理地综合利用各种教学媒体,取长补短,这样才能发挥各种教学方法的综合功能并取得最佳效果。

## 四、使用多媒体辅助教学应注意的问题

### (一)不能代替学生的主体作用

多媒体辅助教学形象生动,但是不能在教学中代替学生的主体作用。如果使用不当,会使学生的想象力和抽象思维能力减弱,所以并不是所有的内容都适用于多媒体辅助教学。

### (二)不能忽视教师的主导地位

运用多媒体辅助教学,不能忽视教师在教学过程中的主导地位。现代教育理论强调在实际教学过程中教师要摆正自己的位置,在整个教学系统中学生是教学知识的接受者,多媒体知识是携带和传递教学内容的工具,教师是教学过程的组织者和实施者,教师控制着多媒体信息。通过教师的人格魅力和富有情趣的讲解,与学生互相感染,调动学生积极参与教学,才能达到较好的教学效果。

### (三)控制好时间

在采用多媒体辅助教学时,教师要控制好时间的快慢,要适中。因为多媒体教学只要点击一下,屏幕上会出现大量内容,这样教师会不知不觉地加快教学速度,有时会造成学生思维速度跟不上,导致学生感知得不充分,理解得不透彻。

总之,不管用哪种教学形式,都只能起辅助作用,在武术教学中真正起主导作用的是教师,在应用多媒体辅助教学中必须处理好教师主导性和学生主体性之间的关系。只有相互间协调默契,才能形成一个最优化的教学过程。

# 第四章　高校武术教学系统的构建

## 第一节　武术教学目标的合理设置

随着我国教育事业的不断发展,普通高等院校的武术教学目标取向也有了新的战略性的转变。以人为本、健康第一、终身体育个性培养是高校武术教学的指导思想。

### 一、武术普修课程对总体目标和教学形式、内容的要求

(一)课程目标需要具备社会适应性

教学内容应满足学生的需要与兴趣,课程改革与设置总是与社会发展的需求相一致的。社会需求既是开办专业方向的前提和动力,也是课程目标设置的重要依据。首先,进入 21 世纪以来,社会的发展需要协同化、综合化的人才。其次,课程设置的内容合理与否对学生有着重要的影响。它对学生能力的形成、知识结构的广度和深度、人才培养的质量起着重要的作用。当前武术普修课程中教学形式、内容并不能满足社会需求及引起学生的兴趣和学习动机,致使学生综合能力低下,特别是社会适应能力、创新能力、自学能力。

(二)课程设置需要全面强化武术理论学习

武术是民族传统体育项目之一,学习武术必然要学习其基本技能、技法,但武术历史文化知识的学习也是必不可少的。当前的武术普修课程中民族体育文化教学内容和课时较少,理论知识空洞,使学生缺乏对于武术传统历史、文化的了解,缺少对武术与中国传统文化的深入思考。所以

武术普修课程的设置应在重视技能培养的同时,加强文化理论的学习。

### (三)武术普修课程中需要突出武德教育

当前,对于武德的教育往往只是停留在口头上,并且在教学要求中对于教师应如何进行武德教育没有规定或具体要求。但是讲究礼仪、崇尚武德是中国武士们义不容辞之举。传统哲学的内核是"礼",而武术正是在这种"礼"的指导下建立自身价值意识,并逐渐形成"师承严格""尊师重道""武德戒律""身心双修"等行为准则,同时形成谦让、含蓄、随和、民族道德观念的"礼"化。

### (四)武术普修课程应重视自学能力的培养

课程设置的看图自学的课时较少,使学生的看图、识图能力差,因此课程应完善体育绘图课的设置,增加课时,对于看图的教学提出具体要求,构建武术识图的自学自练和自编的具体要求。

### (五)教学方法应具备灵活性与先进性

各徒手基本动作、组合动作、拳术、器械、散打的练习方法体现出了它的滞后性,使教师在具体教学时所采用的方法受到限制。同时,武术课程的设置没有对教学实践起到很好的指引作用,而灵活多变的教学方法和先进的教学手段的应用无疑对达到良好的教学效果起到重要作用。

### (六)教学设施应满足需要

课程设置应根据各地方的学校条件、经济情况、师资情况和学生人数进行设置。例如,在城市里,经济条件较好,武术教学设施可以充分满足学生的需求;而在农村,教学设施的数量就不能完全以城市的为依据,教师可利用当地的资源自创一些教学设施,满足学生的学习需求。

## 二、高等院校武术普修课程总体目标和选编内容与形式的构建

### (一)总体目标在原有基础上创新构建

#### 1. 增加民族体育文化课程

民族体育文化作为一种人类社会文化的补充与完善,它是从民族共

同体文化中剥离出来并凸显的一种民族体育文化形式,是多民族历史、文化、民俗、艺术的综合体,并孕育了有别于其他地区、其他民族的特有的民族体育文化。在教学目标中设置课程设置民族体育文化,可以使学生了解更多的风土人情、地方民族体育的形式和文化底蕴,使学生在深刻理解文化的基础上进行技术的演练,提高他们的认知水平、综合素养,同时武术文化和技术的深化、普及与人们热爱程度的增加,将使世界人民更深刻地了解中华民族体育文化,为其走向世界奠定基础。

**2.深刻理解和熟悉武术的价值**

不同的历史时期武术有着不同的价值体现,如为生存而狩猎,军事"武术",宫廷娱乐、健身防身、教育等。进入 21 世纪以来,对于学校武术应该如何发展,武术教学应该如何进行,竞技武术、传统武术和学校武术应如何协调发展,武术的教育价值应如何体现等问题,应该进行深刻思考,从更高层次上对武术价值进行认识,理解、熟悉武术的价值与发展方向,为将来的武术教学打下坚实基础。

**3.强调武术健身自卫意识**

武术普修课程不应只是"练习"形式,而应运用各种行之有效的教学方法和手段,讲解更多的攻防含义,增强学生健身自卫的意识。

**4.课程深度的调整与运用知识的灵活性**

高等体育院校武术普修课程应以武术基本课程设置为主体,淡化专业课程,各学校应根据自己的办学特色和条件进行课程设置。

## (二)课程选编内容和形式的构建

在新的武术总体目标构建条件下,武术普修课程中教学内容的构建原则为:体现武术的文化性,课程设置及考核标准具有可比性、客观性和可操作性,选编教学内容透射出时效性和教育意义。

**1.淡化套路**

武术普修课程设置的教学套路冗长、枯燥,套路应该淡化。淡化并非淡出,而是使套路既体现武术的攻防技击性,内容上又简短实用,同时还具有传统性的继承,即加强太极拳的教学深度。太极拳是我国武术传统项目之一,有广泛的群众基础。应加强其健身价值,加深学生对太极拳健身原理的理解,强调呼吸与意识的配合。

### 2.课程构建中体现教学方法与手段的灵活性和先进性

教学方法与手段应灵活多变,符合时代需求,如构建课程时给出具体的"创新教具"的样板,鼓励教师根据自身能力、学生需求、兴趣创新教具。此外,武术课程构建还应符合时代要求,在课程构建中增加武术与健美操、健身操、音乐的结合,同时增加武术类的多媒体教材,如武术类的电子图书、期刊、音像、光盘等教学软件。

### 3.武术普修课程加强武德培养、礼仪规范

重新审视武术技能和武德教育的发展关系。在追求高难技术的同时,也应该"回归"中国传统文化之本色—"礼"、"德"。由于面对的教学对象不同,武术普修课的技术要求并不是很高,相反基本技术和武德教育却很重要。所以"新武德文化的重建,应在传统的基础上再造和重新结合。以现代道德要求为高度,优者保留,劣者扬弃,重建符合现代社会功能需要的新武德体系"。在课程中设置具体规范的礼仪标准,如"基本礼仪姿势""学生自我用具的整理""训练礼仪""比赛""生活"等。

### 4.拓展自学自练和创编空间

创新素质是人的综合素质的核心和最终归宿,是社会发展的不竭动力。就武术课程而言,应在一个"套路"范例的指引下,提供创新空间。即让学生在保留套路精华的基础上,创编出简单、有特色的技术动作合为一个套路,并自己组织学习和练习。

### 5.课程应设置攻防动作解析部分

攻防动作解析即对动作进行"说招、解招、拆招",即将组合动作拆开进行解说,讲解动作的攻防含义。在课程构建中,举出具体的攻防动作解析范例,使学生知其然,又知其所以然,这样有利于学生掌握、理解和运用。

### 6.设置地方特色教材,增强自主性

如西北地区的摔跤、"大象拔河"等是西北地区民族传统体育的特色

项目,深受许多汉族和少数民族人民的喜爱。因此可将其引进教学,自主编排,既具有地方民族特色,又增加了学生的兴趣。

## 三、从构建和谐校园的角度对学校武术教学基本目标的设想

同样的教学内容,由于所赋予的教学目标不同,在教学过程中施加的影响不同,所产生的教学效果也不同,甚至有质的差别。在建设和谐社会主义和构建和谐校园的大环境下,我们的武术教学应该服务于和谐社会与和谐校园的构建,武术教学的目标也应该围绕社会主义和谐社会与和谐校园的构建来制定。

### (一)把传播身心健康作为武术教学的基本目标

人的一生当中会追求很多的美好事物,如金钱、地位、名誉、婚姻、健康等。然而,其中健康是最重要的,如果没有了健康这个依托,对其他事物的追求就会变得毫无意义。在建设和谐校园的过程中,青少年学生健康的身体和健康的心理也是首要的基础。青年时期是人生的黄金阶段,他们正处在身体和心理的重要发育时期,可塑性比较大,容易养成良好的健康习惯,是健康教育的最佳时期。处于生命准备期的青年学生,他们在生命初期所形成的卫生习惯和生活方式,很可能会对他们一生中其他发展阶段的行为方式产生深远的影响。因此,做好这一时期的健康教育就为青年学生的终身幸福打下了坚实的基础,这关系到未来的国民素质、国家和谐社会与和谐校园的构建乃至中华民族伟大复兴。健康是人生命活动的基础,是人从事生产劳动最重要的基石。只有夯实高校学生的健康基础,才能使高校学生德智体美得到全面发展,才能更加有效地进行学习,将来才能更好地为国家建设贡献力量,使亿万高校学生将来能更加幸福地生活。各级教育行政部门和学校校长对青年学生的健康负有重大责任,必须从"以人为本"的科学发展观的高度,从为学生一生健康幸福生活的高度,真正把"健康第一"的思想作为学校教育的指导思想。而武术运动本身是具有健身、技击、观赏、教育等多种功能的体育运动。它的本质

特性和功效既有利于尊重学生的身心发展特点和教育规律,也有利于他们的主体性、实践性等综合能力的开发,还可以使他们健康活泼,积极向上,达到身心的全面发展。因此,把发展和提高青少年学生的身心健康作为武术教学的基本目标发挥了武术本身的价值功效,也是和谐校园建设和时代发展的必然要求。

在建设和谐校园的过程中,学生的身心健康是首要目的所在。在武术教学的过程中把提高和改善学生的生理、心理健康作为基本目标能做到有的放矢,对和谐校园的构建就能起到事半功倍的效果。

### (二)把教授基本运动技术作为武术教学的基本目标

通过在武术教学中向学生教授基本武术动作运动方法和技术可以使学生学会、掌握一种锻炼身体的基本方法和技术,使学生终身从事武术健身运动成为可能,为国家构建和谐社会的总目标打下坚实基础。众所周知,中国武术在华夏大地上绵延了数千年,历史悠久并根植于民间。在中国文化的长期熏陶和哺育下,具有鲜明的民族文化特色,世代相传,历久而不衰,它具有多彩的形式、丰富的内容、深邃的文化意蕴。学生通过掌握各种各样的运动技能,利用它作为手段,可以获得很多益处。比如,可以锻炼身体,增进健康,延年益寿;可以耳聪目明,头脑灵活,增加知识;还可以丰富生活,陶冶情操;更可以广交朋友,联络感情,增强顽强拼搏、不断进取的精神。总之,让学生学得一些基本的武术动作技术和练习方法可以让学生掌握一种参加终身体育锻炼的手段,使学生终身从事武术健身运动成为可能,为他们以后的持续发展打下基础,为我国建设和谐社会主义宏伟目标的实现提供有力的支持。

### (三)把弘扬中国传统文化作为武术教学的基本目标

武术自产生以来就被纳入中国伦理之道。在它萌芽形成和发展的历程中,深受儒家伦理思想的影响,在长期的历史发展中又受到中国传统文化乳汁的滋养,蕴含了丰富的内涵和深邃的哲理,从而形成了武术文化。武术文化正是在传统道德观和民族精神的滋润和培育下带有了鲜明的仁学色彩和我们这个仁义之国、礼仪之邦的民族特征。在学校中开设武术项目,教师在传授武术基本技术的同时给学生讲解其文化内涵,使学生在健身娱乐的同时接受优秀文化的熏陶。艺无德而不立,未曾学艺先学礼,未曾习武先修德,这种尊师、谦和、忍让的态度有利于培养学生高尚的道德情操。冬练三九,夏练三伏,可以培养学生不怕吃苦、勇敢顽强的精神作风。另外,通过无数武林中人行侠仗义、除暴安良、保家卫国的故事可以激发学生的爱国情操,振奋民族精神。总之,通过提升学生的人文精神,使其由一个生物的人、自然的人成为社会的人、有用的人。不仅为学习基本知识和技术奠定了基础,而且使其拥有了健全的人格。

和谐观念始终贯穿于武术文化的思维模式与实践规范之中,武术的独特价值取向是和谐。全面实现武术技击、养生、修性等多方面功能的方法是和谐,衡量武术诸多功能的总体价值尺度是和谐,其所追求的终极目标仍是和谐。和谐成了武术特殊的美,是武术文化的根基。武术文化追求和谐,注重处理人与人、人与自然的关系,其中最根本的是一种接受和尊重的态度,这样才能达到人的和睦相处。相反,现在有很多学生以自我为中心,缺乏一种宽容的美德和平和的心境;或性格软弱,失去自我。武术文化是刚柔相济的,既能宽厚待人,又能积极进取,表现出追求"人际和谐"的价值取向。[①] 通过领悟武术文化以感悟"忠恕之道"一方面做到"己欲立而立人,己欲达而达人",学会关心人,帮助人,成就人,认真为社会和他人做贡献;另一方面做到"己所不欲,勿施于人",学会宽容人,体谅人,尊重人,不损害他人和社会的利益。学生与学生之间、学生与教师之间、学生与管理人员之间形成一种良性互动的和谐关系,处处体现出一派和谐的景象,这也是我国历代思想家所追求的目标,是我国建设和谐校园、和谐社会所要达到的目标。把传播中国传统文化作为武术教学的基本目标,不仅是对以往只注重技术教学思想的补充,更适用于学校教育的德育工作,为培养学生健全的人格提供了宝贵的教育资源,同时也丰富了以德治校、建设和谐校园的手段。

---

① 李永刚.高校传统武术文化和谐思想与人的全面发展的研究[J].搏击(武术科学),2012(1):34—36.

## (四)把渗透"快乐思想"作为武术教学的基本目标

在武术教学中传播快乐的思想可以发展人际交流的自由感。体育课的一个重要特征就是培养学生的人际交往能力和适应能力,而武术教学内容的过程就是这个特征的集中体现。教师应充分利用这一点为学生创造尽可能多的交往机会,以培养学生的协作意识和竞争意识。通过传播这些快乐思想可以促进学生结交朋友、团结同学、增进友谊,发展合作精神,学会怎样与人和睦相处,舒畅心情,放眼世界,排除烦恼,消除孤独。同时,让学生感受到自己在这个社会环境中的地位和作用,知道如何帮助别人和求助他人,聆听他人的意见,表达自己的观点,将来如何在工作岗位上懂得与同事、领导建立起一种和谐友善的人际关系。以负责的态度去行事并在社会中找到适合自己的位置,这对和谐校园的构建无疑起到很大的支撑作用。在武术教学中以教师为主导、学生为主体并注重情感教学为主线贯穿教学全过程,重视学生个性的和谐发展,提倡兴趣和动机的培养,注重合理运用相对评价,让更多的学生轻松体验运动的乐趣和收获的成功感,在愉快的心情下完成教学任务,这样不仅能调动学生的学习积极性,还能在欢乐融洽的气氛中形成和谐的师生关系、生生关系。另外,通过长期学习武术文化和实践武术运动可以逐步体会中华武术文化之内涵,进而获得一种积极的情感体验,使学生更加喜欢坚持练习武术。这也是武术最终通往终身体育的有利因素。

武术教学的目标体系是一个值得我们注意的重大课题,本文主要从构建和谐校园的宏观方向上进行了论述,希望能起到抛砖引玉的作用,在以后的一段时间能有更多的武术教育工作者投入武术教学的目标体系建设中来,使武术教学目标体系更加完善,更好地为构建和谐校园服务。

# 第二节　武术训练课的组织与指导

学生要提高成绩,不仅需要个人的天才与勤奋,而且还必须有一名好教练员。众所周知,教练员既是训练蓝图的设计者,又是训练课的组织者,在整个训练课中起着主导作用。随着运动技术和体育科学的发展,教练员的思想修养、业务水平、组织管理能力和科学文化素质等直接关系到运动员技术水平的提高。优秀教练员凭借对武术事业的无比热爱,对训练规律的深刻理解,凭借坚定的意志和不断创新的精神,组织和领导运动员一步步登上技术高峰。

## 一、教练员在训练课中的主导作用

一名优秀的教练员需要协调各方面的工作,首先是要与运动员形成平等和谐的关系。通过了解运动员,使他们形成良好的动机并帮助他们应对失败。通过紧张的比赛,了解他们的反应和情绪,并且与他们密切配合,充分调动运动员的自觉性和积极性,共同对训练课实施有效的控制。教练员在课中还要严格地掌握训练过程,通过各种渠道及时了解训练的情况,收集反映运动员在训练中心理、生理变化的各种信息,决定是否要对预定的计划进行必要的调整和修订。

教练员不仅是训练课的组织者和指导者,而且还是教育者。首先要进行训练目的教育,结合实际,有的放矢地进行爱国主义思想、情操、道德的教育,使运动员把自己的训练与祖国的荣誉、体育事业的发展紧密联系在一起,把为祖国而训练、为人民争光的坚定信念落实到每一次训练课中。

教练员要发挥在运动队中的核心作用,要具备以下基本条件。

### (一)丰富的专业知识和实践经验

丰富的专业知识和实践经验是当好一名教练员的基础。武术运动是我国具有民族传统特色的体育项目,又有着独特的运动特点。因此,作为一名武术教练员,必须具备丰富的基本专业知识,不仅要在科学、技术、文化等方面具有广博的学识,而且还应该经常了解和研究武术训练发展的趋向,研究新的知识、新的训练方法,勇于创新,在学习和实践中不断地发现问题,通过研究和探索,不断丰富与完善各方面的知识。

## (二)全方位的教练员能力结构

能力素质是教练员素质结构的主体。人的多种能力只有有机地联系在一起,才能更好地发挥作用。教练员的能力结构同样也具有鲜明的职业特点。教练员应具有的能力由普通能力和特殊能力两大要素构成。

### 1.普通能力

普通能力是指教练员在普遍性事物和日常生活中所需具备的能力,也是其他行业人员所共同具备的能力。主要表现为以下几种能力。

(1)认知能力

正确感知训练信息的能力,观察能力,逻辑思维能力。

(2)计划能力

预见性、想象力以及合理安排教学训练内容的能力。

(3)交际能力

交际中善于控制自己情绪与感情的能力,取得他人信任的能力,交际的主动性和协调人际关系的能力。

(4)组织能力

提出任务并保证完成的能力,协调各方面关系并协调各方面积极因素的能力。

(5)教学能力

语言表达能力,控制身体表情和面部表情的能力,控制运动员注意力的能力,技术示范、纠正错误和保护的能力。

### 2.特殊能力

是指教练员在指导专项训练中所需具备的一种独特而敏锐的思维能力。这种能力一般可划分为三个要素,即对教练员模式的识别力、对运动员反馈信息的感受力和区别对待中的创造力。

(1)对运动员模式的识别力

教练员依据专项运动的需要,对运动员身体素质、形态机能、心理性格等方面表现出的特点和潜在能力类型的识别力。这种识别力主要表现在对运动员选材和训练模式的技术上。

（2）对运动员反馈信息的感受力

反馈信息是指教练员下达行动和行为程序后运动员在执行过程中所发出的有形和无形的信息。在训练与比赛中，这种反馈信息是大量存在的，有时又隐蔽在大量的假象之中，教练员对这种信息的敏感程度将直接影响到下一指令和行为的正确程度。对运动员反馈信息的感受力，在每一次训练课、每一个训练阶段和每一场比赛中都有着举足轻重的作用。

（3）区别对待中的创造力

运动训练基本上是一种个人训练过程，每名运动员训练和比赛计划的制订和修正都需要创造力。这一创造力是以思维的独立性、深刻性、灵敏性为标志，并与思维的抽象、概括能力以及精细的观察力、领悟力相结合的综合表现。具有这种创造力的教练员在训练工作中表现出训练指导思想和方法不落俗套，富有个性和特色。

## 二、武术训练课的组织

套路运动训练是围绕武术套路技能质量的提高而专门组织的一种教育实践活动。训练课的组织安排是否正确，在很大程度上决定了训练课的效果。正确的组织安排可以保障训练课达到必要的密度，使各种练习分布更加适宜，训练计划的实施能得到有效的监督，并使训练能根据运动员的个人特点而更具有针对性等。训练课的内容安排，要围绕着课的主要任务采取不同的形式，课中有分有合，练习方法多样，以增加运动员的练习兴趣。课的组织应连贯、紧凑而有层次。

### （一）武术训练课的组织形式

武术训练课的组织形式是与训练的内容、方法紧密相连的，可以分为集体式、分组式、个人式以及自由式等。至于采取哪一种组织形式，要根据体育和教育的目标以及客观条件来定。教练员应该避免任何形式化，几种形式协调使用能更有针对性地完成训练任务。从一种形式向另一种形式过渡时，要特别注意协调和节省时间，以便在规定的时间里能达到最佳训练负荷。

## 1.集体式

指将运动员集中进行训练,同时做相同练习的一种形式。在集体式中,教练员可以总揽全局,可以同时指导所有的运动员,既可以省时间和精力,又可以把握运动负荷的大小,并且可集中运动员的注意力,按照不同阶段的任务重点地解决技术上的某些难点和关键。但是由于集体训练不能因人而异地安排负荷量,而且教练员的个别指导受到限制,因此一般多用于训练课的准备、结束部分,亦可根据特殊任务的需要在基本部分采用,如武术基本训练、基本动作规格的纠正、套路动作组合节奏、劲力的体会、动作难度质量的提高等。

## 2.分组式

指将运动员分为若干个小组进行训练,每组 3~5 人为宜。分组训练,教练员可以根据情况有计划地重点指导某一个组或某一名运动员,解决不同运动员的个性技术问题。实施分组式时要注意三个方面的问题。

(1)在重点辅导时,要兼顾对其他群体训练的观察和提示。

(2)要注意培养骨干,培养互教、互帮、互相监督的良好作风和纪律。

(3)要相对固定场地范围,注意负荷和节奏的整体控制。

## 3.个人式

采用个人式的组织形式,运动员各有自己的任务与要独立完成的任务。教练员可以在场,也可以有许多人同时训练,但分别完成自己的任务。实施个人式有以下优点。

(1)教练员可以个别指导、纠正和检查,因人而异地安排训练负荷。

(2)可以培养运动员在完成任务过程中的独立性、创造性和自我负责精神。

(3)可以在时间不足的情况下,根据运动员的人数,在时间上灵活掌握,利用现有的条件组织训练课。

个人式训练是提高套路演练技巧的重要组织形式,但由于个人式训练自主性较强,缺乏组织性,所以教练员应充分发挥本队优秀运动员的指导才干,能者为师,造成互相指导的良好训练气氛,促进全队水平的提高。

### 4.自由式

指没有教练员在场指导的训练,自觉积极地自我钻研,对巩固个人式训练的成果具有重要作用。要注意的是,训练的内容要与教练员的训练意图相吻合,根据本人的实际有计划地合理安排,每次自我训练必须达到预期的效果。自由式训练可一人进行,也可以与同队队员结伴共练,以培养独立思考和自我实践的能力。

### (二)武术训练课作业的组织

作业的组织是指对一次训练课各部分的合理安排以及作业内容的有效组织。武术训练课,根据练习程序及其内容,相应地采取个人、小组、全队组织进行训练,并且可以根据训练任务的需要,同一练习可以运用多种方式来完成,这样可以有效地调整运动负荷,充分调动积极性,并能广泛发展适应能力。

一次训练课作业是由开始部分、准备部分、基本部分、结束部分组成的。各部分的合理安排都要遵循负荷的一般规律,基本要求是将本次课主要的练习放在运动员精神和体力充沛的时刻进行。因此,要注意到运动员的训练水平、个人特点和精神类型,应采取分别对待和结合全局安排进行训练。

由于武术训练课的持续时间较长,负荷量较大,所以在作业安排上要提高单位时间的作用效率,充分利用课的每一分钟。一次课的时间分配,通常是基本部分所占比重最大,准备部分次之。各部分时间长短要根据各训练分期的训练任务及课的作业内容来安排。准备期的第一阶段,主要进行一般身体训练,准备和基本部分时间无明显的界限,技术训练课的准备活动需要较长时间,使机休能达到很高水平。课的结束部分,可以由个人或集体作整理练习。

## 三、套路运动训练

### (一)训练内容

根据武术套路运动的特点和训练目的,训练内容可分为身体训练、技术训练、心理训练和智能训练。

### 1.身体训练

身体训练的目的在于提高学生的身体机能和素质,为技术水平的提高打下良好基础。它包括一般身体训练和专项身体训练。

一般身体训练:主要是增强学生的健康水平,提高各器官系统的机能,全面提高身体素质。而其中又以身体素质的训练为主要内容。多采用其他运动,如各种跑、跳、举等练习方式进行训练。专项身体训练:指与武术专项技术有直接联系的身体训练。采取与武术技术动作结构、动作方向、速度、幅度及用力性质有关的练习手段来增强学生机体的武术活动能力,为学习、改进、提高武术技术动作提供直接的身体条件。武术基本功是训练专项身体素质的最佳途径,其中的腰、腿、臂、桩四功对身体主要部位的素质训练起着积极有效的作用。

需要注意的是,训练中应将一般身体训练与专项身体训练有效地结合起来,进行相互调剂、相互促进。对于青少年的启蒙和初级阶段的训练,尤其要加强一般身体训练,以促使青少年的全面发展,为专项身体训练水平的提高奠定好基础。

### 2.技术训练

技术训练是训练工作中的核心环节,它分为基础技术训练、基本动作训练和套路技术训练。

基本技术训练:武术中的基本技术是从武术运动实践中提炼出的规范化的常用技术,只有将基本技术做得标准、规范,才能更好地保证套路完成的质量。它主要包括三方面的内容。

(1)动作的发力顺序

武术规则中强调动作要劲力充足,用力顺达,力点准确,发力完整。而发力顺序则是劲力体现的重要所在。因此,在训练中应解决动作发力的顺序性,使身体各部位协调配合,按照一定的顺序进行用力。

(2)动作技击特点

武术动作的技击特点是基本技术的重要因素。因此,在训练各种基本技术动作时,要掌握并体现出左顾右盼、声东击西、指上打下、攻防兼备的攻防意识和动作特点。

（3）八法的协调配合

武术运动中的八法，是指动作时的手、眼、身法、步、精神、气、力、功八个方面。要求做到"拳似流星，眼似电；腰似蛇行，步赛粘；精力充沛，气宜沉；力要顺达，功宜纯"。

基本动作训练：基本动作是指典型、常用但又比较简单的动作。一般包括：手型、手法、步型、步法、腿法、身法、平衡和基本跳跃等内容，并随技术水平的发展提高而逐步增多。在训练中，对基本动作的姿势必须严格要求，做到一丝不苟，以便形成准确的动力定型，为套路演练打下良好的基础。

套路技术训练：套路技术训练是指提高套路的演练技巧和水平，不断增强身体素质、机能，取得最佳的运动成绩。训练的形式有：

①分段训练：把整套动作分成若干个段落进行反复练习。主要是解决局部动作的技术和节奏等问题，强调、改进段落的技术质量。根据训练目的和任务，可分为重点段、难度段、高潮段、起势段和收势段来进行训练。

②整套训练：是把在单个动作和分段训练中获得的动作规格、速度、节奏及意识的表现技能在成套训练中加以运用，增强高质量完成整套动作的能力。重点是要处理好整套的节奏和体力的分配，使其表现出动静分明、刚柔相济、章法清晰的演练效果。

③超套路训练：是指一次上场完成一套以上数量的练习。其目的是增强"套路耐力"，提高无氧代谢能力，培养顽强的意志品质。

④对练套路训练：采用的训练步骤和方法一般有单人基本方法练习、双人配合练习、先慢后快练习、先分解后整套练习等，使之逐步达到方法准确、配合默契、攻防逼真的效果。

3．心理训练

心理训练是指通过各种手段有意识地对学生的心理过程和个性特征施加影响，使学生掌握调节自己心理状态的各种方法，为更好地参加训练和争取优异成绩作好各种心理准备的训练过程。它主要分为一般心理训练和短期心理训练两部分。

### 4.智能训练

智能训练是指对运动活动的实际操作能力和适应能力,以及对运动行为的观察力、记忆力、思维力等有机结合的方法方面的训练。它对武术技术的掌握和完善十分有益。训练中,教师要善于分析动作内涵和技术原理,启发诱导,形象类比,以培养学生自我分析能力、创造能力和思维能力。

## (二)训练计划的制订

训练计划是对未来训练过程预先做出的理论设计,是运动训练过程的重要决策之一。训练计划一般包括多年训练计划、年度训练计划、周训练计划和日训练计划。

### 1.多年训练计划

武术的多年训练计划一般分为基础训练阶段、专项提高阶段、最佳竞技阶段和竞技保持阶段。计划中主要有总任务、情况分析、训练指标和各阶段的主要内容。

基础训练阶段:主要任务是打好武术技术基础体能、智力、心理的全面基础。内容以基本功、基本技术、组合动作、长拳套路和一般身体素质的训练为主。

专项提高阶段:主要任务是提高武术竞技能力,进行全面套路技术的掌握和专项所需的身体素质与技能的训练。

最佳竞技阶段:主要任务是创造武术竞技的优异成绩。内容以"升华"专项技术为主线,进行提高完成动作质量和演练技术,以及专项所需的心理素质和发展难、新动作的训练。

竞技保持阶段:主要任务是保持高水平竞技能力,进一步发展专项身体素质和专项技术技巧,并进行创编适应个性的套路和比赛中心理稳定的训练。

### 2.年度训练计划

年度训练计划主要是围绕年内的竞赛任务来安排运动负荷控制、训练内容和手段。年度计划一般分为以下四个周期进行训练:

准备期:训练内容以提高全面身体素质和机能,掌握和改进武术基本功、基本技术为主。时间为 4～5 个月。

基本期:训练内容以套路技术训练为主,着重专项素质和套路质量的提高,并安排适宜的心理训练。时间为 2.5～3.5 个月。

竞赛期:训练内容是进一步精雕细刻套路技术,提高难度的稳定性,并通过各种形式的比赛提高适应和应变能力,促进竞技状态向最佳水平发展,参加比赛,创造优异成绩。时间为 1.5～2 个月。

过渡期:训练内容以整改、学习和一般性活动为主,进行积极性休息、调整,以便消除疲劳,总结经验。时间为 1～1.5 个月。

### 3. 周训练计划

周训练计划是组织实施训练的极为重要的基本单位。根据训练任务的不同,可把周训练分为基本训练周、赛前诱导周、比赛周和恢复周四种类型。

基本训练周:采用最多的一种,主要通过负荷的改变促使机体出现新的适应,来提高竞技能力。又分为加量周、加强度周、强化训练周等,根据不同情况用于准备期及竞赛期。在内容上应用节奏的交叉进行负荷训练,以利于运动员接受大负荷和负荷后的恢复。基本功训练和身体训练可着重训练部位的交替,套路训练可进行不同项目的交替。

赛前诱导周:主要任务是更有效地发展参赛套路的竞技能力,在内容上以参赛套路内容为主,在练习形式上更接近于比赛要求。

比赛周:主要任务是根据比赛的时间调整身体机能和心理素质,在比赛时发挥出最佳技术水平。在内容上以参赛的技术为主,重点是心理调整。

恢复周:主要通过降低训练负荷和改变练习内容,消除比赛带来的生理、心理上的疲劳。

### 4. 日训练计划

日训练计划又称课时训练计划(即课时教案),它应根据各周的任务要求和训练内容进行具体安排。一般包括每次课的目的与任务、日期、训练时数、训练次数、训练内容、训练方法及要求、运动负荷、课的组织等。

## (三)训练方法及要求

训练方法是为完成训练任务、达到提高专项运动成绩的目的而采取的途径和方法。

### 1.身体、技术训练

方法主要有重复训练法、间歇训练法、变换训练法、循环训练法和渗透训练法。

重复训练法:指在不改变动作结构和运动负荷数据的情况下,按照既定的要求,反复进行练习,每次(组)练习之间的时间间歇能使机体基本恢复的一种练习方法。在具体运用时,应根据训练任务、对象的情况,确定练习内容及数量,并不断提出新的要求,使之常练常新,不断提高练习质量。

间歇训练法:指在一次或一组练习之后,按照严格规定的间歇时间进行休息,然后再进行下一次(组)练习的方法。间歇休息以积极性休息的方式为好,可慢速体会动作、纠正错误,或相互观摩、共同研究。由于间歇训练法是在运动员的机体未完全恢复时就进行下一次练习,故能有效地提高呼吸和心血管系统的机能。

变化训练法:指在练习过程中有目的地改变练习速度、速率、时间、环境、条件等进行练习的方法。变换训练法有助于技术的巩固、提高及运用,有助于在多变的条件下完成动作能力的加强,同时还能激发练习的热情和兴趣。

循环训练法:指将简单易行的练习组成一定时间内固定不变的练习"程序",按负荷方式的因变关系循环练习。这种方法对发展和提高运动员的素质(尤其是综合素质,如力量耐力、速度耐力等)效果显著。

渗透训练法:把某基本内容逐步扩展,最终融会贯通于复杂的运动形式中的一种训练方法。练习时,可以有目的地抽出武术基本内容进行专门训练,然后过渡到组合、分段及整套中,使所抽出的基本内容在整套中达到运用自如、融会贯通的效果。

### 2.心理训练

方法主要有意念训练法、模拟训练法、情绪控制训练法、自我暗示和放松训练法。

### 3.智能训练

方法包括在基础理论知识的传授中发展智能,在专项理论知识的传授中发展智能,在训练过程中发展智能等方法。

随着现代武术运动的发展和训练的需要,心理训练和智能训练的方法越来越广泛地被应用在训练实践中,并成为当前武术训练中非常重要的方法。

根据武术套路运动的特点和规律,训练中首先应遵循训练的原则。其次,在方法上要把武术的"内外合一,形神兼备"的运动技术特点贯穿始终,做到内在意识、气息与外部形态的和谐统一,表现出"动则有法,静则有势"和"动中有静,静中有动"的专项特点。

## 四、对运动员技术错误的发现和纠正

在武术训练课里,运动员在掌握动作和技术的过程中会出现各种错误,教练员应发挥主导作用,善于及时发现和纠正运动员所出现的错误,采取纠正措施,及时反馈给运动员,帮助其纠正技术的重要环节。教练员纠错时,要善于抓住共性的错误,组织大家集体会诊,发挥群众的智慧,启发运动员分析错误的因果关系,以点带面地解决普遍性的问题。训练课上通过教练员的示范和口头提示,训练课下通过看图解及教学、训练录像资料片,树立正确的技术动作概念。

### (一)单个动作常犯错误及其纠正

第一,在训练中,运动员由于对动作的要领掌握不好而出现错误时,教练员可以采用语言提示法提示动作的要点、规格来控制运动员所做的动作,以达到帮助其纠正错误的目的。教练员的提示应简单明了,如注意翻腰、后腿蹬直、向上跳、稳住等。

第二,在训练中,运动员由于接受能力和协调能力差而出现错误时,教练员可采用"慢解领做法",即耐心地以慢速分解示范和反复领做的方法帮助其纠正,但教练员对某位运动员的错误纠正不可时间太长,以免出现顾此失彼的现象。

第三,在训练中,运动员由于肌肉本体感觉不能控制动作而出现错误时,教练员可采用"静站体验法"使运动员增加有关肌肉的感觉,如步行静站、独立控腿等,但此种方法时间不宜过长,否则会出现局部肌肉疲劳而影响其他内容的训练。

第四,在训练中,运动员由于怕出危险而做不好动作时,教练员可以采用"保护帮助法"使运动员放心体会动作,尤其是难度较大的动作,教练员在运动员还没有熟练地掌握和完成时应给予保护和帮助。

第五,在训练中,运动员由于概念不清,在一些似是而非的动作间分不清存在的区别而出现错误时,教练员可采用"对比求异法"将两者加以对比,从中找出差异,弄清两者的不同之处,如"点剑"与"劈剑"的区别在于剑法的力点不同。

第六,由于运动员身体的某些素质差而做不好动作时,教练员应在课后采取措施发展其某些素质,逐步提高完成动作的质量。例如,弹跳力、腹肌力、柔韧性等都不是一朝一夕就可以提高的,而是要经过长期的训练;特别是运动员在某一素质方面较差时,教练员应加紧采取措施,这一因素有了进步,技术才能提高。

第七,在训练中,运动员由于习惯动作或不适应某些动作的做法,如手法、步型及各种器械的方法达不到标准时,教练员可采取设定某些标志的方法帮助运动员克服缺点和错误,如画线和设障碍物等。

第八,在训练中(特别是对练项目),由于运动员忽略了动作的攻防细节(对练中的攻防不逼真)而出现错误时,教练员应阐明动作的攻防含义,演示动作的攻防技术,使其牢记动作的攻防作用,进而重新建立动作的"攻防"概念,使错误得到纠正。

第九,在训练中,由于运动员不能直观自己所完成动作的形象,以至于给改进、掌握动作带来一定的困难,教练员在指出运动员错误动作的同时,模仿运动员的错误并示范,指出错误动作的结构、用力顺序、全身肌肉协调能力等存在问题之处,可以使运动员一看教练员所做的示范就知晓自己所做动作的形象,及时发现自己的动作与正确动作的差距。适当地采用这种方法对运动员改进、掌握动作可起到事半功倍的作用,还可以启发运动员的思维,达到提高训练质量的目的。

### (二)组合动作常犯错误及其纠正

在练习组合动作时,运动员也会出现各种不同的错误,教练员应及时指出并予以纠正。例如,降低组合动作的速率,让运动员细心体会肌肉的协调用力,掌握动作细节,克服动作僵硬、粗糙的毛病,加快动作的速度并要急停稳健,以提高平衡能力。教练员应掌握时机,当运动员的错误动作基本得到纠正时,就应恢复正常的速度或按比赛时动作技术规格的要求进行练习。

### (三)全套动作常犯错误及其纠正

第一,全套练习中,常犯错误是体力分配不均,形成前紧后松的现象,进而影响运动成绩。其纠正方法是:帮助运动员调整好呼吸,合理地分配体力,掌握好全套的节奏。

第二,全套练习中,运动员的节奏处理不好,其纠正方法是:引导运动员追求武术运动节奏的精髓:外顺内合,内外合一。分析套路运动中各种对比变化因素的变化,如动与静、快与慢,让运动员把握好彼此的整体节奏。运用语言提示法来强化运动员的演练节奏感,如在需要加快节奏时,教练员以短促有力的节拍来刺激运动员的节奏;而到了慢节奏时,可改成缓慢、柔和的节拍声。实践证明,这种方法不仅能提高运动员的节奏感,还可活跃训练场的气氛。

全套练习中,对运动员的失败动作,教练员可令其重做或再通过组合、分段训练来完成。特别是经常容易出现失误的动作,一定要进行分析,找出原因,并采取适当的方法进行练习,使其提高完成动作的成功率。

# 第三节　武术套路教学效果评定

评价套路教学的效果是通过评估套路教学课来确定的。它不仅可以加强教学管理、总结经验、互相交流、评价教师的教学能力和工作态度,而且可以促进教师更好地钻研技术,研究教法,提高每次课的教学效果。同时通过定性、定量的分析与测定,还可以发现教学中存在的问题,并提出针对性的解决办法。因此,对武术套路教学课进行评价是加强管理、提高教学质量的有效途径之一。

# 一、评价的基本内容与标准

对套路教学课进行评价,需要将一次教学课分成若干个相互联系、相互制约的部分,有机地构成一个完整的评估体系,这样可以从课的不同部分分别进行评估,做出准确的判断。通过评估,可以评价出教师在一次教学课中各部分的情况,得出整个教学课的评价结论。一般可以将一次教学课分成以下几个部分。

## (一)教学文件的规范性

教学文件是指教学计划、教学大纲、教学进度、教案等文字材料,是实施教学的指导性文件,也是圆满完成教学任务的保证。

### 1.教学文件的规范程度

科学制定教学文件是教师的职责之一,它要求教师严肃、认真,做到计划规范、完整,大纲要求明确,进度切合实际,教案具体明晰,这样不仅可以克服教师在教学过程中的盲目性与随意性,而且有助于统筹安排、分步实施。特别是教案,是完成教学计划的基础,是检查一次课的必备文件,也是衡量教师教学态度的重要方面。

### 2.教学任务与要求的确定

在一次课的教学文件中,首先应确定本次课的目的、任务与要求,它应与计划、大纲进度相吻合,同时还必须根据学生的实际情况来确定。一次课的目的、任务不能太多,一般两个到三个;要求不能太高,必须结合实际,通过努力学习,大部分学生均能达到;要求也不能太低,否则不利于调动学生的学习积极性。

### 3.教学内容、运动负荷的确定

每次课教学内容的确定均应依据目的、任务来安排,并规定练习的数量与要求,通过一定的教学步骤、手段与方法来保证教学任务的完成。武术套路教学课运动负荷的安排应根据人体生理机能规律进行设计,练习密度一般应设计在 40% 左右,一般平均心率以 $130\sim145$ 次/分为宜。

### 4.教学态度的确定

教学文件工整、规范是确定教师教学态度的重要依据之一。在教学中,教师要服装规范、按时上课、按时下课、为人师表、循循善诱、严格要求、言传身教,保持良好的师生关系和欢快的课堂气氛等也是衡量教学态度的重要方面。教学态度的好坏直接影响学生学习的积极性,因此是每位教师都必须认真注意的重要问题。

## (二)教学方法与手段的运用

教学方法与手段的运用是完成教学任务的重要途径,无论采用何种教学方法都必须符合武术套路教学的特点,有利于完成课的任务。例如,在新授课时,主要观察教师示范、讲解的能力;而在技术复习课时,主要观察教师纠正错误、组织学生进行练习的能力;在教学的提高阶段,主要观察教师进行教学训练相结合、结合实际选用各种训练方法的能力等。

## (三)运动负荷安排

武术教学任务的完成是通过学生身体运动来实现的,运动负荷的安排直接关系到教学效果。所以对一次课练习密度与运动量的测定是一种定量化的检查,可以较客观地分析一次课的教学质量。

运动负荷是由练习数量、练习密度、练习时间、练习强度、项目特点五个因素所组成,其中任何一个因素的变化都会使运动负荷发生变化。武术套路运动是非周期技术项目,对学生的灵敏、协调、速度、力量、耐力要求较高,这一特点决定了在教学中必须采用一些相应的训练手段与方法,这也决定了教师必须遵循运动负荷安排的一般规律,即运动负荷由小到大,大小结合,有明显的节奏感,使身体机能产生良好的适应性变化。

一次教学课是由开始部分、准备部分、基本部分和结束部分组成的。开始部分、准备部分是以活动全身关节肌肉、动员学生全身心地进入基本部分作准备。基本部分是课的主要部分,这一部分不仅时间长、学习内容多,而且练习量、运动负荷也最大,一般负荷曲线应呈现二至三个波峰。如果呈现负高峰或者高峰持续曲线时间过长,那么运动负荷的安排是不合理的。

练习密度是指一次课中学生实际身体练习的时间与上课总时间的

比。它与练习强度和间歇时间有直接关系。一般来讲,新授教材练习密度较大,可以达到50%以上。它要求教师合理地安排间歇时间,利用间歇时间进行讲解、示范与纠正错误。而在提高课中,一般练习强度较大,这样才能较快地提高学生专项技术技能和身体素质。在教学课中,练习密度如果低于30%,则练习密度安排是不合理的。如果练习密度安排过大,学生在疲劳状态下练习,也不利于学习技术和有效地发展运动能力,从而影响教学效果。

### (四)教师的主导作用

在武术套路的教学中,教师为教学的主体,学生是教学的客体。教学手段与方法的运用、运动负荷的安排和学生的组织等都是通过教师来实现的,因此教师必须在教学课中发挥主导作用。

#### 1.组织学生的能力

学生是教学的对象,组织好学生是完成好教学任务的首要条件。组织学生练习一般采用三种形式,即集体练习、分组练习与个人练习。在一次完整的教学课中,根据教学内容与任务需要,应把这三种组织形式有机地结合起来。新授课的组织一般采用集体教学与个人练习相结合的方法,复习课的组织一般采用集体练习纠正动作错误与分组练习巩固提高相结合的方法。

#### 2.组织教学内容的能力

科学地组织教学内容是完成教学任务的关键之一。在一次教学课中,一般安排两个主要教材,其他的教学内容应为这两个主教材服务,这样不仅使教学内容丰富多彩,而且有利于主要教学任务的完成。在一次教学课中,武术基本功与基本动作的练习一般占课时的三分之一,新授内容占三分之一,复习内容的巩固提高占三分之一。而且基本功内容力求为主要教材服务,为提高教学质量和更好地掌握技术动作打下基础。

#### 3.区别对待的能力

在教学中,学生的年龄、性别、技术水平、身体素质、心理品质等方面会存在着差异,因此区别对待的教学原则在武术教学中显得尤为重要。表现在一次课中主要有教学方法与手段的运用、技术指导纠错的方式方法、运动负荷的不同要求、武术拳种的不同风格特点等,都应该遵循循序渐进的教学原则,进行区别对待。①

### 4.贯彻套路教学基本特点的能力

套路教学的基本特点是在长期教学活动中形成的,对于指导教师组织教学和提高教学质量具有重要的指导意义。因此,教师在教学活动中必须抓住这些基本特点,认真贯彻、分步实施。尤其是武术的攻防含义的教学,对于学生尽快地掌握动作要领,懂其法、明其理,提高武术技术技能具有积极的指导作用。

### 5.调动学生练习积极性的能力

学生的学习积极性是完成教学任务的重要条件。教师必须善于启发、诱导、鼓励这种热情,并采用各种有效的方法和灵活多变的组织形式,使之始终以饱满的学习热情投入练习之中,力求避免课堂枯燥、沉闷的现象。在武术教学课中,教师要善于观察学生的学习情况,采用语言诱导、竞赛评比、表演示范、分析评议等手段来激励学生奋发向上的学习热情。

### 6.课堂上的应变能力

在教学中,课堂的内、外部环境都在不断地发生变化,这就要求教师必须具有应变能力,如外部环境的干扰、教学内容的适当调整、运动负荷的调控、各种伤害事故的及时处理等。

## (五)教学效果评价

一次课的优劣,最终表现在教学效果上。教学效果是依据教学对象完成课的任务、达到预期目标的情况来评价的。因此,首先应看教学计划规定的内容是否完成,教学要求是否达到;其次应看学生的学习积极性、学习气氛是否保持一种高昂状态;最后要看学生学习与掌握技术时分析问题和解决问题的实际能力等。

武术套路教学的评价内容较多,互相影响、互相渗透,各指标之间都存在着内在联系,从而构成一个较完整的体系。

---

① 蔡明涛.武术套路训练之对策研究[J].大东方,2015(8):170.

## 二、评价模式

课程教学评价是新一轮基础教育课程改革的重点,要建立促进学生全面发展的评价体系,科学合理地评价学生的体育与健康成绩,使评价成为促进学生更好地进行体育学习和积极参与体育活动的有效手段。

新的体育课程把"健康第一"定位为课程的中心目标,分为身体健康、心理健康、社会适应、运动参与及运动技能五个领域,因此仅仅用定量的评价、传统的评价无法真实地反映学生所达成的学习目标。采用定量与定性相结合的综合评价方法,师评、学生互评更显科学合理和人性化。在教学运用中,我们大多只注重教师评价而忽视了学生互评的优势。可以说,学生互评是一项学习评价改革中的重要举措,在武术教学中体育教师应带着新课程标准的理念走进课堂,树立新的评价理念,思考新的评价方式,制定一个比较科学、合理的多元化教学评价体系,把评价制度与课程改革的要求、素质教育的要求一致起来。同时教师也要在评价制度中及时审视、反思自己的教学思想、行为,真正体现出学生互评是一个师生共同发展教育的过程,表现出新体育课程在评价上的优势。

学生互评前教师首先应做好指导工作,确定等级标准,讲清项目的特点及正确的示范动作和成绩标准。其次,互评后邀请动作做得好的学生进行再示范,教师点评。最后,还必须对学生互评时评价好的学生进行表扬,抓住主要优点进行评价,适时调动学生的积极性。

学生互评有以下几方面好处。

第一,学生们互相评价时往往是站在同一个高度来看问题,这样更直接,也更容易被学生所接受。

第二,学生们在评价别人的同时自己也会加深认识,甚至是对问题的理解上升一个层次,从而提高学生的比较和分析能力。

第三,学生互评有利于调动学生的学习积极性,使学生成为学习的主人。

第四,在学生进行评价的同时,自己的思维能力和语言表达能力也得到提高。

总之,教师在武术教学中的教学方法多种多样,各种教学方法又都密切相关,不可分割。武术教学中教师应联系实际加以综合运用,这样才能收到预期效果。武术教学中采用师评、学生互评的评价模式,既能充分调动学生学习武术的积极性,又能提高学生学习武术的兴趣。

## 三、评价方法

对一堂教学课进行全面检查与评估主要有两种方法:一种是对教学的相关内容分别作定性的评价。这是一种较为简单也较为粗糙的办法。另一种则是运用数学方法,使各项教学内容量化,以得出较为精确的量化指标。这是一种较复杂也较为精确的评价方法,在评价中常用这种办法。

### (一)建立评价体系

建立评价体系就是将评价的内容分成几个大类,构成一级指标,在每一类一级指标中又列出几个二级指标,这样就构成了一个体系。然后根据每类一级指标在整个体系中的重要程度,给予一定的权重,在此基础上再根据每个二级指标在一级指标中的重要程度给予相应的权重。要建立科学、符合实际的评价体系,一般的方法是列出相关内容,请有关专家进行筛选,分别给予权重,将这些资料进行数理统计处理,最后确定各级指标与权重。这样建立的评价体系较为客观,而且具有一定的权威性。

### (二)评价的具体方法

在评价一堂教学课时,可按课前设计好的评价表进行。根据教师上课情况,在每个二级指标后评分。统计时,以每个二级指标乘以权重的得分相加,即为一级指标得分;将一级指标得分相加乘以一级指标权重,即得出该指标的最后得分。这样,既可以从总得分中看出课的总体评价,又可以看出课的各部分得分情况。同时,还可以通过求平均值的办法,看出集体评价。

# 第五章　全球化背景下中国武术的
多元体系构建

## 第一节　武术教学体系的构建

### 一、中国武术教学体系的基础理论

(一)中国武术教学的特点

1.注重直观教学,以领做为主

参与武术教学活动的学生往往会遇到三项问题:第一项问题是动作数量多,即不同风格的刀、枪、剑、棍、拳等,每一套都有数十个动作;第二项问题是方向路线变化多,往返折叠,左旋右转,路线复杂;第三项问题是每个动作包含多项因素,外有手眼身步的规格,内有精气神意的配合。除上述三项问题外,动作之间的前后衔接、连贯、节奏等都是学生需要面对和解决的问题。这几方面的问题无疑都会或多或少地影响武术教学的顺利开展。

基于这些情况,教师应当深刻认识并重视直观形象的演示,尽可能采取领做的方式,始终坚持身教重于言教的教学原则,激励并督促学生反复习练,促使学生逐步掌握相应动作,为武术教学顺利开展提供保障。

2.强调武术动作规格,彰显武术劲力和精神

在武术教学实践中,当学生对动作来往路线形成清晰的认识后,教师应向学生提出动作要工整而准确的要求,反复向学生重申动作要和规则相符合。绝大多数武术动作都是意在攻守,攻和守都要采取清晰而确定的方法,都要保证劲力十足。当学生的拳腿和招式达到劲力十足的要求,

才能充分彰显出武术的攻防特征。

除此之外,教师在武术教学过程中要向学生强调外形动作的规格,并在此基础上把彰显武术的精神,尽最大努力达到形美、劲道、质善三项要求,最终保证武术形神兼备的特征被充分彰显出来。

### 3. 讲解示范和攻防动作充分结合

在讲解示范时,教师务必要和攻防动作充分结合起来,由此保证学生对动作用法形成正确认识、对攻防动作形成深刻理解,最大限度地激发和调动学生学习武术的主观能动性,如此有助于学生全面掌握动作的攻防含义,也有助于增强学生的攻防意识。

除此之外,教师应要求学生将自身置于战斗氛围浓郁的场合中,在遵循武术运动规律的基础上全方位地彰显自身的斗志、所做动作的攻防意向等。

## (二)中国武术教学的要求

### 1. 注重示范教学,教学形式要多样化

因为武术技术动作相对复杂,所以教师必须注重示范教学。具体来说,示范是指主体通过原本的"影像"和真实的方式将武术技术动作传递给受体的过程。教师在示范过程中需要注意的有两方面:一方面,教师示范务必要达到规范性和真实性的要求,原因在于达到规范性要求的示范能为受体建立正确的技术动作表象,同时有助于学生形成正确的技术动作动力定型;另一方面,教师示范要富有感染力,为此需要在武术技术动作的攻防意义和艺术表现两个方面多下功夫。对于学习中国武术时间较短的学生来说,富有感染力的动作能对其产生更大的吸引力。

随着越来越多的现代教育技术应用到武术教学中,使得开展和参与武术教学越来越便利,作为教师应当在直观性强的武术教学中利用好各种教学形式,确保教学形式达到多样性要求,由此获得最理想的教学效果。当人们接收信息的渠道越来越多后,对信息的感知也会更加全面。对于参与武术教学的教师来说,不仅可以通过视觉、听觉、触觉、肢体的本体感觉来感知,还可以借助心理联动和人机对话等多样化形式强化信息,

由此提高自身形成运动技能的实际效率。

### 2.全面了解和认识各拳种的风格和特征

中国武术的拳种和流派都很多,各个拳种的风格和特征有很大不同,所以教师应当详细介绍拳种的风格和特征。一般来说,所有拳种的风格和特征都会借助具有代表性的技术动作反映出来,如长拳的风格特点是舒展大方、快速有力、动迅静定、节奏鲜明。拳种风格和特点的常见呈现方式是教师的组合和套路演练、技术录像、光盘等。

当学生全面掌握拳种技术和拳种基础性的理论知识后,要高度重视教学的精细环节,用心示范和讲解拥有独特特征和风格的技术动作,并且督促学生重复练习,由此推动学生全面掌握技术结构、动作过程、套路风格。

### 3.强化学生的安全教育意识

由于武术教学中存在诸多不安全因素,因而教师必须定期开展安全教育活动,否则将不能严防教学事故的发生,教师应当在课前、课中和课后进行安全检查和教育。

安全教育是对学生的关怀,是素质教育中的关键环节。作为武术教师,应当牢固树立以人为本的教育理念,把人的身心安全因素置于关键位置,要求和督促学生高质量完成准备活动与整理活动,妥善安排学生的运动量,提前布置和检查教学场地与教学器材,认真完成保护工作和帮助工作。

需要补充的是,教师促使学生深刻认识到参与武术教学实践活动的目的是提高身体素质同样很重要,如果学生在身体素质不达标的情况下盲目练习难度动作,则是不科学的。

## 二、中国武术教学体系的发展对策

### (一)建立科学的武术教学体系

科学的武术教学体系,不仅要保证教育目标和教学呈协调统一的关系,还要保证编写的武术教材能满足社会发展需求和武术教学要求以及保证武术教学目标、武术教学内容、武术教学方法等彼此适应,此外要有相对应的教育监督评价反馈发挥保障性作用。具体的建立要点如下。

### 1.建立专门的武术教育研究机构,深入研究武术教育

武术教学和其他公共体育科学在特点存在很多差异,中国武术教学在传承民族文化和弘扬民族精神两个方面发挥着无法取代的作用,同时武术文化具备的复杂性特征和独特性特征,以及中国社会快速转型的实际国情,都使得当前必须深入而细致地研究武术教学以及发展概况。

研究武术教学需要达到两方面要求:一方面,要为各级各类学校开展武术教学活动提供依据与支持,科学指导武术教学工作,有效避免武术教学产生盲目性与随意性,促使武术教学工作的合理性特征、目的性特征、计划性特征更加显著;另一方面,和监督反馈机制相互配合,保证监督反馈有可供参考的依据,加大对监督反馈信息的研究力度,确保武术教学理论紧跟时代发展节奏,定期调整和优化武术教学实践。

值得一说的是,因为各级各类学校的武术教育发展现状存在或多或少的差异,同时武术文化存在显著的民族性特征和地方性特征,所以有条件的学校应设立本校的武术教育研究机构,从而对本校武术教学顺利开展发挥支持作用。

### 2.促使武术教学的各个方面实现协调发展

武术教学各个方面存在着相互联系、相辅相成的关系,所以武术教学必须基于扎实的武术教育研究工作展开统一规划发展,促使选择教学目标、选择武术教材、制定教学内容、运用教学方法、运用评价方法、培养武术师资力量这六个环节呈现出协调配合的状态。切实可行的武术教学目标相当于武术教学中的灯塔,对武术教师开展各方面工作都有引导意义,选择和确定武术教材和武术教学内容时要把教学目标实现的可能性、学生学习的主观能动性、教师的综合水平都纳入考虑范围。

在武术教学过程中,要科学构建武术教师的培训交流机制,定期开展针对武术教师的培训活动,为武术教师之间进行密切交流提供更多机会,想方设法促使武术教师教学水平能紧跟持续变化的教学情况,此外教师

教学水平持续提升能有效推进武术教材、武术教学内容、武术教学方法、武术评价方法的改革进程。从某种程度来说,增加武术教师的交流机会和学习机会,能使教师的武术教学视野更加开阔,促使教师及时更新自身的教学理念,使教师的武术技术水平与理论水平得到大幅度提升,由此便于教师把最新内容和武术教学实践充分融合起来,保证武术教学能更好地适应持续更新的社会多元需求。

### 3. 促使武术教育监督反馈机制发挥保障性作用

建立和完善武术教育监督反馈机制应达到独立性要求和自主性要求,由此确保监督反馈信息真实且客观。具体来说,武术教育监督反馈机制建立达到专门化要求的监督反馈机构或者构筑流动的监督评价专家队伍均可,重中之重是保证监督反馈渠道保持畅通状态、保证监督反馈信息达到真实性和客观性这两项要求。

## (二)建立完善的武术教育教材体系

分析武术教学现状会发现,武术教育教材缺失和教材短缺已经演变成制约中国武术教学发展的两大阻碍。武术教材短缺会对武术教师制定教学内容、革新教学方法、完成教学任务产生直接影响,由此延长达成武术教学目标的时间。

武术教材能为武术教学提供重要依据,制定武术教材要与时代发展需求、学校培养人才的目标、武术文化特色充分结合起来。编写高校武术教材时,要紧密衔接中小学武术教材,兼顾学校武术教育连续而统一的现实状况,严禁出现高校武术教材和中小学武术教材严重脱离的情况发生;同时由于武术集地域性特征和民族性特征于一体且我国当前的武术教学失衡问题严重,所以编写武术教材和构建武术教材体系时务必要达到层次性要求与差异性要求,不仅要积极推广和试行全国统编的武术教材,也要在兼顾武术的具体特点和武术教学发展现状的基础上不断调整、不断优化,把集民族特色和地方特色于一身的拳种技术和武术文化融入地方高校武术教材中,从而确保武术教材和地方高校武术教育的发展情况更加吻合。

基于我国各级各类学校的武术教学对武术教材提出的要求,在构建和优化武术教育教材体系时需要达到以下几项要求。

第一,建立从国家到地方到学校的专门研究机构或者专家组,有目的、有计划地对武术教学展开深层次、全方位的研究,准确把握时代需求、武术具体特征、武术发展走向,基于学生身心发展特征编写武术教材。

第二,编写武术教材时要把学校武术教育的连续性与完整性纳入考虑范围,严禁出现高校武术教育、中学武术教育、小学武术教育出现脱离的情况发生,严防各阶段的武术教材发生断层问题,将武术教材影响各阶段学生学习武术的可能性降到最低。

第三,科学构建国家、地方、高校三级教材体系。鉴于武术的地域性特征和民族性特征显著,同时我国武术教育发展至今依旧存在地域差异和地域失衡问题,所以编写武术教材时必须把这些方面考虑在内,从而使编写出的武术教材和各民族、各地区的学校实际状况相符。各地方应当以国家统编武术教材为基础,全方面考察和分析本地区、本民族武术拳种流派的特征,把拥有浓郁地方特色与民族特色的武术技术和武术文化特色渗透在武术教材的方方面面,促使武术教材的内容朝着多样化方向发展;就学校来说,建议密切联系本校的武术教学现状,邀请当地民间拳师对武术教材编写工作提出具体可行的建议,从而使武术教育教材朝着更好的方向发展。从本质上来说,武术教育教材的三级体系属于统一的整体,彼此之间存在着相辅相成的关系,国家统编武术教育教材是各个学校武术教材的蓝本,地方及各级各类学校自编的武术教材则有助于武术教材持续发展、更加完善。

## (三)建立完善的普通高校武术教师培训机制

对于武术教学来说,武术教师发挥着尤为重要的作用。武术教师的综合能力对武术教学的各个环节都有很大影响,对武术教学质量、教学任务完成情况、教学目标达成情况发挥着决定性作用,对武术教学改革产生的影响也尤为深远。分析现阶段的实际状况会发现,武术教师并未充分满足武术教育终身武术、弘扬并传承民族文化与民族精神的教育要求,武术教学的理念、方式、方法都有待完善。置身于全球化时代和社会节奏逐步加快的社会背景下,人们必须进行终身学习,作为一名武术教师必须保证自身开展的武术教学活动紧跟时代发展节奏,必须通过终身学习来更新自身的武术理论知识和武术运动技能,从而更好地适应不断更新的社会需求。具体的建立要点如下。

第一,不断优化当前的武术教师评价机制,在教师评价标准中增加教师对外交流情况、培训情况、学习情况,支持并督促武术教师终身学习。

第二,学校要为武术教师参与培训活动提供政策方面的支持与保障,制定切实有效的奖惩措施,为武术教师培训活动获得预期效果提供保障。

第三,学校要把校内交流和校际交流充分结合起来。建立并完善适用于校内教师定期交流的相关制度,促使武术教师向其他教师分享培训内容与教学经验;各级各类学校要定期开展校际武术教师的交流活动,使各校武术教师交流武术教学经验。

第四,学校教师应扎根于民间,在民间切身感受武术文化,积极学习和掌握民间武术的技术技法、教学模式、训练模式,在武术课堂上添加传统武术的内容。当学校武术教师真正了解传统武术后,才能做好传统武术的传播者、民族文化和民族精神的传承者。

第五,建议学校聘请民间武术家来学校开展武术教学,如此不仅能对学生学习武术产生积极作用,也能将武术教师集中起来参与传统武术培训活动,促使学校武术教师的综合能力有所增强。

### (四)制定相关政策法规以支持普通高校武术教育

在全球化背景下,国家的政治、经济、文化、教育等多个方面的发展呈现出了逐步统一、不断融合的发展趋势,教育方面要想健康发展离不开政治支撑、经济支撑、文化支撑,同理学校武术教育的健康发展也不可和国家政治经济大环境发生脱离。纵观学校武术教育的发展历程会发现,始终离不开国家政策法规发挥指导作用与支持作用,所以各级各类学校武术教学同样应以我国政治经济发展状况为立足点,制定和落实武术教育发展战略时要自觉依托国家政策法规的指引作用与支持作用,政策法规支持是武术教育发展战略中无法替代的一个组成部分。

国家政策法规在学校武术教育发展历程中发挥了显著作用,不仅为学校武术教育的发展指明了具体方向,也在学校武术教学的发展过程中注入了推动剂,还使得学校武术教育的发展速度有所加快。从某种程度来说,建立民族传统体育专业极大地推动了武术教育的发展进程,为学校武术教育培养高素质教育人才和武术理论研究工作推动武术教育发展这两个方面提供了巨大支持和理论依据。高校武术教育与民族传统体育专业是高校武术教育发展的两大阵地,它们的建立和发展历程充分反映了武术教育发展状况和国家政策法规支持力度存在着紧密联系。就当前来说,置身于全球化背景下和社会快速转型的背景下,学校武术教育更加离不开国家政策法规发挥支持作用与引导作用,贯彻落实学校武术教育发展战略的过程中离不开政策法规发挥保障性作用。从某种程度来说,武术教育改革成果不只是会因武术教育内部的革新成果发生变化,也会因国家政策法规支持力度等外部环境的实际情况发生变化。国家政策法规重视学校武术教育,不但能加快学校武术教育的改革速度,而且能加大学校武术教育的改革力度,甚至能有效促进学校武术教育顺利达成跨越式发展目标。

从整体来说,国家政策法规应当渗透和反映在武术教育科学化建设的方方面面。首先,发挥有关政策、条例、法规等在武术师资力量发展过程中的规范性作用,建立达到系统性要求的教师聘用制度、教师管理制度以及教师培养制度,尤其是要构建和完善武术教师终身学习机制,促使武术教师的专业水平和思想道德素质得到大幅度提升。其次,因为国家政策法规支持力度对武术教育教材体系的持续优化有很大影响,同时我国独特地理环境和多民族国情对三级教材体系的构建有决定性影响,所以武术教材应当把武术技术体系的多样性特征和差异性特征充分彰显出来,颁布切实可行的国家政策法规能使武术教材研究工作的深度和广度得以增加,能加快学校武术教材三级体系的构建速度。再次,教育部门、政府部门以及社会各界应当大力支持和配合建立武术教育专门研究机构、教学体系和监督评价机制三位一体结构的相关工作,建立专门研究机构和监督评价机制都离不开充足的人力资源、物力资源以及财力资源,都离不开国家政策法规对多方资源的整合工作,只有这样才能在全国范围内构建与推广。综上所述,武术教育发展战略不仅离不开国家政策法规为其提供外部发展环境,也离不开国家政策提供人力资源保障、物力资源保障以及财力资源保障,只有这样武术教育发展战略才能拥有宽广且稳固的实践平台,只有这样武术教学才能在科学化发展道路上越走越远。

# 第二节　武术训练体系的构建

## 一、中国武术训练体系的基础理论

### (一)中国武术训练的原则

武术训练原则是对武术运动训练实践经验的总结,集中体现了武术训练活动的一般规律,同时是在遵循武术训练活动相关规律的基础上确定出的组织武术训练必须达到的基础性要求。

从本质上来说,武术训练原则是运动训练原则的一个子系统,所以武术训练中不只是要遵循训练学的一般训练原则,也要以武术专项特征和武术蕴含的东方文化为依据,严格遵循拥有武术特色的训练原则,具体原则如下:

#### 1. 功贯始终、寓含技击的原则

功贯始终是指把武术基本功训练贯穿在训练全过程,武术运动员认真完成基本功训练能使其逐步掌握武术基本技术和武术技能。具体来说,武术基本功不单单是武术初级阶段的必修内容,更是使武术运动员技术水平得到大幅度提升的一项可行性手段。即便是武术运动员武术习练者水平达到中级或者高级,依旧要高质量完成基本功训练的训练任务,从而使自身的武术套路演练水平得以保持或获得大幅度提升。与此同时,应当把武术基本功训练置于每次训练课的开始部分,如此不仅能发挥出准备活动减少运动员损伤的作用,也能使得武术运动员为过渡到高难度套路练习做好准备工作,使武术运动员完成高难度动作的信心倍增,使武术运动员的训练水平得到大幅度提升。由此可见,无论武术运动员的运动水平多高,都有必要在训练全过程认真完成基本功训练任务。

武术运动员在演练时把技击意识寓含在武术套路中,借助意来引导

动作,把自身对动作攻防含义的认识融入动作中,由此充分彰显中国武术的独特魅力,促使自身所做动作更加充实饱满,即"寓含技击"。虽然现代武术并非实用技击术,但技击性特点依旧是武术套路的一项显著特征,这是亘古不变的。武术套路是将技击动作作为素材,借助套路演练的方式来反映出具备实用攻防意义的技击艺术,所以说武术运动员在演练时务必要具备较强的技击意识。

### 2.动静结合、内外互导的原则

"动静结合"是指把静止性定势练习与活动性过程练习充分结合起来,同时促使这两项练习辅佐彼此。武术运动员参与动力性练习,能使其动作更加灵活,有效防止肌肉僵滞的情况发生;武术运动员参与静力性练习,能使其动作更加准确,降低其形成规范动力定型的整体难度,使武术运动员的功力得到大幅度提升。动力性练习和静力性练习之间是相辅相成、相互促进的关系。武术运动员在参与完整技术动作训练时,务必要达到动中有静、静中有动、动中有法这三项要求,如此才能使武术运动员在武术方面的运动素质得到大幅度提升,同时逐步形成正确的动力定型,最终对运动员武术运动技术水平的大幅度提升产生显著作用。

"内外互导"是指"以内导外,以外导内"两种方法相结合运用,换句话说就是先外求形体动作的准确与完整,后内求意念、精神、气息,最终达到手、眼、身法、步和心志、意、气的内外合一。

### 3.用心领悟、突出风格的原则

用心领悟是指武术运动员发散思维、仔细揣摩武术动作的内在含义、逐步对动作诀窍形成透彻的认识,在此基础上把武术动作内外合一与形神兼备的整体性充分彰显出来。

至于"风格"应当立足于三个视角加以理解:首先,是指武术风格,即具备武术项目特征;其次,是指套路风格,即拳、械技术与运动风格;第三,是指个体风格,即个体演练的风格。由此不难得出突出风格的概念,即突出武术风格是指动作要有武术的韵味;突出套路风格是指要将不同拳、械的技术和运动风格突出表现出来;突出个体风格则是指将自身的个性特征与套路融合,将各自不同的风貌突出表现出来。当武术运动员达到这几项要求后才能充分彰显武术套路的内在意义。由于不同风格可以把不同武术运动员在认知武术上的差异性反映出来,因而武术运动员参与武术训练时应有意识地将个人风格彰显出来,深刻认识到彰显个人风格的深远意义。

### 4.持之以恒、重复渐进的原则

习练武术异常艰苦,所以在其发展过程中出现了"冬练三九,夏练三伏"的说法。武术运动员要想使自身的套路技艺水平得到大幅度提升,就必须经历技术和功力逐步渗透的过程,就必须坚持不懈地参与武术习练活动。在这种情况下,武术运动员不仅要具备较高的身体素质,也要具备较高的思维水平来深刻感悟。从某种程度来说,可以将武术套路理解成一种没有止境的艺术;从一般意义上来说,可以把武术套路理解成时间积累的结果,武术运动员采取的习练方法仅仅是其武术水平得以提高的催化剂,任何习练方法都不能替代量的积累,在习练时间持续增加且积累到特定量时,习练方法的作用才可以发挥得淋漓尽致。

"重复渐进"是指习练者要重复习练武术训练内容,在重复习练的过程中切身感受内化技艺,由此使自身的武术技术水平逐步提高。但需要说明的是,这里所说的重复并非简单意义上的重复,而是在重复的过程中不断提高习练要求。对于绝大多数武术运动员而言,拳打脚踢掌握起来很容易,但凭借胸的吞吐和腰的折叠拧转来表现的身法却有很大难度。由此可见,武术运动员要想巩固和提高自身的武术技艺,并在此基础上形成正确动力定型,同时使自身演练武术套路的技术更加纯熟,则必须在重复练习的过程中慢慢领会中国武术的内在神韵。

### (二)中国武术训练的内容

在武术训练过程中,根据训练目的和训练内容的差异性能把训练内容划分成几种,具体如下:

### 1.体能训练

体能训练内容分别是身体形态训练、技能训练、素质训练,同时通常把体能训练划分成一般体能训练与专项体能训练。武术运动员参与一般体能训练时往往采用不同种类的非专项身体练习,不仅能改善运动员形态,还能使运动员的身体健康水平、身体机能水平、各项运动素质得到大幅度提升;武术运动员参与专项体能训练往往会结合专项需要采用和专项存在关联的专门性身体练习,不仅能使武术运动员和运动成绩存在直接关联的专项运动素质得到大幅度提升,还能使武术运动员参与武术专项必需的身体形态与机能获得有效发展。

### 2.技术训练

在武术训练中,技术训练部分是最主要的部分,武术运动员的技术训练水平会集中反映为参赛过程中的运动水平,所以说武术教练员应高度重视技术训练活动。与此同时,由于武术运动是一项技术性很强的体育运动项目,因而武术教练员和武术运动员都应当深刻认识到技术训练的重要性和必要性。以技术动作在训练中的目的、技术训练在武术套路中的构成与影响效果为划分依据,能把技术训练划分成基本训练、组合训练、分段训练、整套训练。

### 3.心理训练

发展至今,武术训练中的心理训练活动被置于越来越高的位置上,其具体是指培养武术运动员和武术训练存在关联的个性心理特征以及结合竞赛需要把握和调节心理的能力。对于参与武术竞赛的运动员来说,在运动场上的状态会直接影响其演练水平。在这些现实状况下,武术教练员和武术运动员都日益看重心理训练活动。

### 4.智能训练

智能训练是针对运动员智力开展的特殊训练,其往往被划分成一般智能训练与武术智能训练。一般智能训练是武术智能训练的基础,侧重于发展运动员一般智能,武术智能训练侧重于发展运动员和武术专项存在关联的专项智能。

由于运动员智能在比赛中属于内隐性因素,所以经常得不到教练员和运动员的重视,但运动员智能水平往往与其运动水平存在很大关系,运动员智能水平是其竞技水平的集中反映之一。在竞技运动水平持续提升的情况下,智能训练的重要性得到越来越多人的认可。

### (三)中国武术训练的注意事项

武术教练员和武术运动员要想获得理想的训练效果,就必须对某些方面的事项加以注意,具体如下。

### 1. 注重提高中国传统文化修养水平

中国武术是我国民族传统体育项目之一,其中蕴藏着深厚的传统文化。武术运动员自觉提高自身在中国传统文化修养方面的水平,能使其更加深刻、更加全面地认识武术套路运动,也有助于其在练习武术套路的过程中构筑稳固的民族文化底蕴。

### 2. 注重训练和恢复的有机结合

参与武术训练相当艰苦,特别是在"高、难、新、美"技术发展方向的指引下,武术运动员完成很多动作时必须具备很高的柔韧素质、弹跳素质以及灵敏素质等,这或多或少地会加重对运动员身体的伤害。与此同时,由于武术训练是以乳酸代谢供能为主的运动项目,所以武术运动员要想保持运动训练的可持续性,就务必要在现有水平的基础上持续提升。

由于武术训练是持续打破原有平衡并建立新型平衡的过程,同时完成大强度训练后的恢复是运动训练的一个关键性组成部分,所以武术教练员务必要运用达到针对性要求的恢复措施。

### 3. 要对教练员与运动员交流的加强加以注意

对于武术习练活动而言,因为武术运动员的自我感觉有或多或少的不同,所以教练员往往难以察觉运动员的微小动作感知和内心体验。在武术训练中,武术运动员和武术教练员的交流是一个关键部分,交流能使两者内隐的认识和感知相互融合、有效沟通。武术运动员把无法理解的知识点或者存在困惑的内容告知教练员,教练员往往会与运动员进行训练主导思想层面的沟通,并在此基础上共商对策,由此从根本上改善武术训练效果。除此之外,武术运动员和武术教练员的有效沟通,能使两者的感情更加深厚,也能共同营造出融洽的训练氛围。

## 二、中国武术训练体系的发展对策

### (一)加大投入力度,改善训练条件

武术训练往往会受多重因素的影响,其中的一项关键性因素就是场地设施情况,原因在于场地设施是开展武术训练活动的重要基础,倘若没

有场地设施,则开展武术训练活动将无从谈起。很多学校的武术训练场地设施不足,具体反映是武术训练的场地面积小、场地质量不高、场地多为露天场地且极易受自然环境影响;包括刀和剑在内的武术训练器械的数量较少、质量不高,器械损坏程度严重;包括肋木和皮筋在内的武术训练辅助设施的总数量有待增加。

基于这些情况,存在相关问题的学校必须加大在武术训练方面的投入,积极提高武术训练的场地条件,促使武术训练的场地质量有所提高,使武术训练所用的器械数量和辅助设施数量都有所增加,为武术训练活动顺利开展和武术训练质量获得根本上的提高而付诸努力。

## (二)制定合理的目标和计划

以竞技性目标为训练目标充分彰显了体育运动学校的竞技性特征,虽然具有竞技性训练目标是允许的,但是务必要妥善处理长期目标与短期目标之间的关系,严禁频繁以终极目标(获得奖牌)来督促运动员,如此会使运动员对目标产生恐惧感,也会减弱运动员达成目标后的成就感,教练员应当在兼顾训练规律和运动员综合特征的基础上制订出阶段性目标,循序渐进地达成终极目标。

具体到武术训练中,制订的武术训练计划未达到科学性要求是一项客观存在的问题,尽管为数不少的武术教练员制订的课训练计划和周训练计划达到了详细性要求和客观性要求,但制订出的月训练计划、年训练计划、多年训练计划并未达到合理性要求,同时很多武术教练员没有制订年训练计划和多年训练计划。然而,武术训练计划有必要关注武术运动员的长期发展,制定适应运动员实际情况的年训练计划与多年训练计划,通常情况下建议武术教练员和武术运动员共同努力,共同在长期训练计划的指引下逐步提升运动员的武术运动水平。

## (三)合理选择训练方法和负荷控制

各类武术训练活动采用重复训练法的频率很高,采用其他训练方法的总次数较少,特别是心理训练方法。因为各项训练方法的特征存在或多或少的差异,各项训练方法作用于运动员不同能力的增强,所以说武术训练应运用多项训练方法,同时对这些训练方法进行混合运用。

作为一名武术教练员,应当在结合训练目标、运动员实际状况、训练内容的基础上选择并运用最适宜的训练方法,适当增加运用心理训练方法的次数,为武术运动员拥有健康的心理提供保障。与此同时,武术教练员调控训练负荷时要运用客观且可量化的方法,尽可能使用先进的科学仪器来控制运动负荷,避免过多运用经验法来控制训练负荷。

### (四)提供良好的后勤保障

提高武术运动员训练质量并不局限于在武术训练场上完成,后勤保障同样至关重要。当前各类武术训练活动的后勤保障在伙食方面和住宿方面都有待提高,因为武术运动员参训过程中会耗费大量能量,所以不仅要摄入适量食物来补充能量的消耗,最终加快机体恢复速度,也要通过高质量睡眠来缓解大脑疲劳,补充参训过程中消耗的精力,由此可见向武术运动员提供良好的伙食条件和住宿条件至关重要,提供良好辅助训练氛围能促使武术运动员获得更理想的成绩。除此之外,因为武术运动员出现运动损伤的情况时有发生,所以必须具备良好的医疗条件,在训练过程中有目的地强化医务监督工作,定期组织和开展培养武术教练员医务技能的活动,有效强化武术教练员促进运动员损伤恢复的能力,最大限度地减轻运动伤病给武术运动员带来的苦痛。

### (五)将武术理论与实践有机结合起来

第一,武术运动员应当在学习并掌握基础性的武术动作后,对基本的武术理论形成大体了解,深刻领会所有武术动作要点的内在含义,由此使自身完成的武术动作更加协调。

第二,武术教练员要采取多元化手段来不断夯实武术知识的基础,将武术要领和武术内涵熟记于心,在此基础上选择并运用最适宜的教学手段,向学生传授武术内涵和武术技巧,从根本上增强武术运动员的专业能力。

第三,各武术类的科研机构和高等院校应着重完成武术理论的建设工作,推动武术运动教学体系朝着更完善的方向发展,培养和构筑出综合实力极强的武术教练员队伍,向社会各界提供高品质的武术教育服务。

### (六)推动竞技武术与民间武术协同发展

在武术竞技呈现出良好发展态势的当下,中国武术训练应当密切关注并推动竞技武术和民间武术的协同发展。具体来说,在推动武术竞技向高、精、尖方向发展的同时,也要在广大群众中推广和普及武术训练,把武术训练的大众健身性特征设定为关注焦点,最大限度地发挥中国武术提高习武者身体素质的功能。根据各类人群的身体素质特征,组织和开展以健康为目的的武术训练。举例来说,针对身体素质和心理素质快速发展的青少年,应尽可能多地组织他们完成武术基本功训练和实战对练训练;针对中老年,应尽可能多地组织他们完成动作平稳且养气吐息的武术训练活动。除此之外,高校武术专业学生、民间武术团体、国际武术协会等应增进沟通,持有开放的心态正确审视武术的成长,在交流和沟通的过程中推进彼此的成长进程,共同推动中国武术训练朝着多样化方向发展。

### (七)实现武术效率与武术素养的齐头并进

在全球化背景下,要想使武术训练活动重效率而轻素养的问题得到妥善解决,就应当从以下两方面着手。

一方面,国家应大力宣传"武礼""武德",使中国武术蕴含的精神内涵和传统文化在发展民间武术的过程中得到大范围推广,促使广大群众更加深刻地认识和理解武术、武德、武礼,使参与武术训练的运动员的心智得以发展。

另一方面,各级各类学校作为武术人才的培育摇篮,在武术教育过程中发挥的作用至关重要,所以说要加大对学生实施"德育"教育的力度,促使越来越多的学生感受武术精神。武术运动员在武术竞赛中坚持"礼"为先,不仅能把自身现有的武术技能反映出来,也能把自身具备的武术修养显现出来,还能达到以技服人和以理服人的要求。

# 第六章 多元视角下传统武术的传承与发展

## 第一节 传统武术的可持续和产业化发展

### 一、中华传统武术的可持续发展

(一)传统武术可持续发展的基本概念

1.可持续发展的观点及其意义

"可持续发展"的概念,具体为:一方面,要使人类目前的追求与需要得到满足;另一方面,也不对未来的追求与需要造成危害的发展。在社会经济发展的过程中,保护总体上的生态完整与自然资源总量,实现社会的持续性进步,是"可持续发展"理论的核心。

可持续发展的概念的提出,是人类在向自然界不断索取、创造富裕生活的同时,通过许许多多的曲折和磨难,终于从环境与发展相对立的观念中醒悟的结果,认识到两者协调统一的可能性,认识到"只有一个地球",人类必须共同爱护地球、共同关心和解决全球性的环境问题,并开创一条人类通向未来的新的发展之路—可持续发展之路。

可持续发展所要解决的核心问题是 PRED 问题,核心思想是人类应协调人口、资源、环境和发展之间的相互关系,在不损害他人和后代利益的前提下追求发展,目的是保证世界上所有的国家、地区、个人拥有平等的发展机会,保证我们的子孙后代同样拥有发展的条件和机会。

可持续发展强调:将当代发展和未来发展结合在一起,并以未来发展的可能性,当作制定当代发展战略的基础,也就是说,今天的发展需要为明天的发展创造有利条件,并且需要从长远利益出发,寻求社会、资源、人口、环境、经济各要素间相互协调的发展,绝对不可以为了眼前的利益,而损害长远的利益。"可持续发展"的观点被广泛应用于社会的各个领域。

### 2.传统武术的可持续发展

作为我国优秀民族文化的一个重要组成部分,传统武术蕴含了中华民族特有的精神价值,体现了中华民族的顽强不屈生命力和创造力,不仅是中华儿女智慧的结晶,更是全人类文明的瑰宝。改革开放几十多年来,尤其在世界经济一体化大趋势的今天,传统武术的发展形势不容乐观,受到了各种因素与条件的制约,与此同时,各种思想观念与社会现象也在冲击着传统武术,因此,对传统武术的可持续发展应多加重视。

传统武术的可持续发展指的是,不仅要促进传统武术今天的发展,还要注意传统武术的未来发展,从而使其进入稳定、健康、持续的良性循环当中,使后人长久的需求得到满足。传统武术作为一种文化,一项民族传统体育运动,用新的发展观审视其未来发展的问题,所具有的现实与理论意义是非常重要的。

通过一系列的措施与手段,为传统武术未来的发展创造良好条件,使传统武术得以持续、长期发展,是传统武术可持续发展的目标。

### (二)传统武术可持续发展的制约因素

传统武术的可持续发展与社会的可持续发展一样,同样会受到诸多因素的影响,也会面临很多的困难。体育领域改革创新与体育强国建设的总体目标仍不相适应,体育与经济社会协调发展的机制有待进一步健全,人民群众日益增长的多元化、多层次体育需求与体育有效供给不足的矛盾依然突出。一些长期制约体育事业发展的薄弱环节和突出问题依然严峻。体育管理体制的改革尚需深化,体育发展方式亟须转变,管办不分、政社不分、事社不分的体制弊端遏制了体育发展活力,调动社会力量参与体育的政策措施尚不完善。体育社会化水平不高,基层体育社会组织发展滞后,支持培育体育社会组织发展的机制仍需完善,全民健身公共服务体系有待进一步完善。竞技体育结构布局还不够科学合理,一些影响广泛的基础大项和集体球类项目水平较低,职业体育的快速发展迫切需要建立完善与之相适应的体制机制。体育产业总体规模不大与结构不完善并存,体育服务业比例偏低、种类偏少。体育文化在社会主义核心价值体系建设中的作用未能有效发挥,体育的多元价值有待深入挖掘。体育人才队伍建设还不能适应快速发展的形势,高素质复合型的体育管理人才依然缺乏。概括来讲,影响与制约传统武术可持续发展的主要因素与条件有以下几点。

## 1. 传统武术发展环境有待改善

### (1)重竞技武术,轻传统武术

自20世纪50年代起,以传统武术为基础的竞技武术逐渐兴起并发展起来。竞技武术的两大活动内容为散打与套路,其以运动员和教练员为活动主体,其根本目标是依据竞赛规则,取得优异成绩。

中华人民共和国成立之后,国家将发展武术的重心放在了竞技武术上,竞技武术在资金、政策等方面都有了良好的发展空间,基于此,其得以飞速发展。不仅在各省市,以及大部分体育院校都建立了竞技武术专业队,而且竞技武术还成为全运会、亚运会,乃至奥运会的比赛项目。

### (2)缺乏激励机制

倘若一个体育项目缺少比赛机制,就会缺乏激励因素,进而缺乏活力与生机。到目前为止,大多数传统武术都没有举办过大型的正式比赛,更没有完备、统一的竞赛规则。即便有比赛,也是竞技武术比赛的附属品,或者是直接被"竞技"串了味的传统武术。

练习与学习传统武术良好氛围的形成,受到了竞赛机制匮乏的制约,从而使传统武术发展的后劲不足,这对传统武术的可持续发展造成了严重的影响。

传统武术面临困境有诸多原因,外来文化的入侵,本土文化生活日益丰富,传统武术训练体系不能与时代接轨。同时,传统武术缺乏良好的营销推广体系,传统武术传人缺乏与媒体、企业、政府沟通能力、缺乏再生及造血能力等。

（3）现代体育项目的冲击

传统武术练习人数的减少，是现代体育项目对传统武术造成冲击的重要表现之一。从事现代体育项目的人越来越多，导致从事传统武术的人越来越少。这严重制约了传统武术的可持续发展。

### 2. 缺乏必要的经济支持和回报

一定的经济实力，是所有体育项目发展的基础，传统武术同样不例外。传统武术资金的缺乏主要表现在以下几个方面：

第一，由于传统武术不属于亚运会、全运会的比赛项目，经济投入不足，导致传统武术的发展呈现"心有余而力不足"的局面。

第二，在市场经济逐步深入的同时，人们的经济意识也在进一步加强。由于练习传统武术在短时间内没有任何经济回报，这样，在经济利益的驱使之下，一些民间传统武术爱好者改变了初衷，并将传统武术放弃了，转而投入追逐经济利益的大军中。正因如此，严重地威胁了传统武术的可持续发展，甚至使一些传统武术失传了。

第三，传统武术未充分利用自身优势向产业化发展，没有争取企业赞助，这样就会没有持续且合适的经济来源，在这种背景之下，传统武术的发展一直处于低迷状态。

### 3. 传统武术理论基础薄弱

传统武术形成于农耕文明中，在传统武术漫长的发展过程中，受到儒释道等各家思想的影响很深，其是在中国传统哲学思想基础上建立的理论基础。

传统武术所吸收的"精气""阴阳"等理论，都是一些比较模糊、难懂，且不易接受的理论。由于当时社会文化水平的有限性，不可避免，使很多传统拳术理论具有一定的封建迷信色彩。基于此，在面对简洁、丰富、精准而直接的现代体育理论时，就显得比较晦涩、单薄，难以进行研究与解释。

### 4. 传统武术传承方式的局限性

由于血缘与师徒的传承方式，是大多数传统武术的传承方式，因此，一定会使一些传统武术拳种失传。

第一，传承的封建保守意识，导致传统武术"近亲繁殖"。中国长期以血缘关系为纽带所维系的家族制度，以及稳定的农耕生活，限定了传统武术的传承。传统的传承虽然对各门派在技术上的精益求精，形成独特的技术传统与风格，但是，也使传统武术逐渐消失于历史长河之中。

第二，传统意义上的传统武术对言传身教非常重视，只要找不到理想传人，此拳派就会消失。特别是近几年，由于文化观念、政治、社会生活、经济的改变，导致越来越多的人真正愿意"十年磨一剑"，愿意勤学苦练，进而使很多拳种没有了传承人，这些加速了传统武术的消亡。

在今后的发展中，倘若传统武术没有大量风格各异的继承人与传统拳种作为"资源"，随着时间的推移，传统意义上的传统武术想要实现可持续发展就会变得异常艰难。

### 5. 传统武术训练手段的原始性

现在，身传口述依旧是传统武术的训练模式，这一模式是历代拳家经验的积累，一定含有科学理念，并且行之有效，但是，其中也包含着许多低效、不科学且原始的训练方法。

传统武术中的务实精神（如"拳打千遍，身法自现"）虽然有可取之处，但是，相较现代先进的科学训练方式，这种重实践、轻理论的单一训练方式显得比较原始。相较于现代训练学中完整、科学、系统的训练方法与理论（包括技术、心理、智能、身体及技术训练等），其显得更加陈旧、粗糙。

这种原始的训练方式，严重阻碍了传统武术自身优势的发挥，进而对其可持续发展的进程造成影响。

### 6. 传统武术发展的滞后性

传统武术产生于一个相对封闭的文化环境。进入 21 世纪后，人们的思想、价值观念、认识都发生了深刻的变化，面对这种情况，传统武术显得无所适从。与社会的飞速发展相比，传统武术未及时进行自我更新，导致其具有严重的滞后性。

第一，传统武术的外在表现，比如，传承方式、训练方法中的内容，无法被现代人接受。虽然传统武术的实质是人们的精神财富,值得人们去学习、继承与发扬,但是,随着时代的发展,社会有了越来越细的分工。导致传统武术的多元化价值功能,成为影响传统武术发展的双刃剑,为人们带来多面利益,与此同时,也制约着传统武术的发展。

第二,人们参与的积极性受到了传统武术习练特点的影响。现代社会,由于人们的生活节奏越来越快,导致人们的价值判断越来越趋向于简洁、易学、高效、实用,尤其在青少年中表现得特别突出。而传统武术想要有所成就,就必须经过长期且艰苦的锤炼。"娱乐比不过跳舞,健身效果比不过健美操"的观点,使传统武术处于非常尴尬的境地。

## (三)传统武术可持续发展的理论及其实践

一般理论界认为,传统武术以中国传统文化为理论基础,以传统武术习练和现代武术竞赛为实施手段和存在方式;以实现增强体质、陶冶情操、培养意志、提高攻防技能、弘扬民族传统文化为目的的一种社会实践活动。[①] 传统武术可持续发展的理论及其实践与中国的传统文化息息相关,又与自身的理论构架体系相关。

### 1. 传统武术可持续发展理论体系的构建

(1)传统武术发展基础理论的构建

自身的科学化,是传统武术发展的基础,主要包括:技术体系的建构、理论体系的建构、拳种内容的整理与归纳,以及科学标准的确定。

①技术体系的建构

技术体系的构建主要包括以下两方面内容。

A.保留传统武术完整的技术训练体系。按照传统武术固有的技术体系,来建构各个传统武术拳种体系,使传统武术技术的失传得以避免。不同拳种技术完整训练体系包括:功法—套路—拆手—递手—散手—攻防实战。

B.建构新的技术体系。在传统技术体系的基础上,以习练者的不同需求为依据,来对技术内容进行编排,从整体归纳出新的技术体系。

---

① 刘鲲,刘娜.武术领域学者学术影响力分析[J].体育科技文献通报,2015(11):102－105.

②理论体系的建构

想要建立完整的传统武术理论体系,就应该去伪存真,并与武术技术紧密结合在一起,对于技术的修炼来讲,理论体系应具有指导作用。除此之外,在传统理论基础上形成的现代意义的武术理论,就是用现代科学知识解释传统武术理论无法回答的问题,并对传统的拳理进行了诠释。

③拳种内容的科学归纳整理

传统武术的竞赛、推广,以及段位制的实施,在客观上,要求对现存的传统武术内容做进一步归纳、论证、整理、认定、挖掘,由此将具有代表性的传统武术门类确定下来。

④拳种的科学认定标准

传统武术作为一种传统中国人的日常生活方式、在数千年的传承过程中与哲学、美学、道家、中医等相互交融,不仅形成了独具特色的中国"武文化",还形成了"百花齐放,百家争鸣"的繁盛局面,出现了流源有序、博乱繁杂的武术拳种。

以各传统武术技、理、史完整的体系为依据,来认定一个传统武术拳种,基本内容应包括:规范的基本技术、完整的技术体系、科学的理论体系、清晰的历史传承,以及突出的风格特点。

(2)传统武术可持续发展理论体系构建的要求

①立足传统武术本体

传统武术理论科学研究的内核层是,立足于武术本体构建的武术理论体系。传统武术理论的实质是,对武术实践活动由经验到理性的总结与提升,其将传统武术发展变化规律揭示出来,并且用科学的传统武术理论来对其实践活动进行指导,从而对传统武术的全面发展起到推动的作用。

理论来源于实践,传统武术理论当然也不能与其实践活动脱离,而传统武术活动的主体同样应该围绕武术技艺的传承展开。按照逻辑结构,传统武术理论大致可以分为练与用、教与学这样的过程,而这一切的载体就是人,因此,传统武术理论科学研究是以人为主体所进行的研究。

传统武术活动的本体内容,就是传统武术理论体系构建的核心,也就是以传统武术的功能价值作为出发点和归宿,并围绕传统武术的练与用、教与学这些实践活动的主线,评价各种武术形成与发展的规律,并对其进行评价与探索,主要包括:技法原理、训练、竞赛、教学的规律,以及传统武术的价值取向。因此,必须从传统武术活动的本体入手,紧紧围绕着反映传统武术攻防击技特性的教与学、练与用的活动,在实践当中,探索与总结竞赛表演理论、拳术形成理论、击技方法理论、教学训练理论等一系列具体理论,最终,遵循概念化—条理化—系统化—体系化的认识事物的规律,从而使传统武术理论体系达到完整化、系统化、层次化,并将完整的传统武术理论体系建立起来。

②应用联系的观点

传统武术发展理论研究的外核层,则是从系统论观点对传统武术发展理论体系的建立所进行的探索。作为武术大系统中的一个子系统—传统武术发展理论,倘若将其分割为很多子系统,以及子系统下的子系统,这样,人们就会对传统武术理论有一个总体上的认识,与此同时,也能够通过对这些子系统的研究,来确定传统武术理论在武术理论系统中的作用和地位。并且还能够从比较高的角度对这些子系统间的关系进行审视,从而明确它们之间的相互影响,最终,使人们对"传统武术理论科学体系"有一个全面的认识。

应用联系观点建立传统武术理论体系,实质上是将围绕着内核层所建立起来的那些学说所进行的宏观整合,并且对某一学科或者交叉学科(自然科学、社会科学等)的知识加以利用,再经过实践的检验,将其进行科学逻辑推理,以及归纳总结,从宏观上对传统武术的活动规律进行探索,揭示传统武术的某种功能、现象、特征、价值的研究等,最终,将传统武术理论分支学科学说建立起来。

③全面系统的要求

系统而全面地构建传统武术理论体系,实际上就是将传统武术理论的内核层和外核层相互促进、关联、交融而形成的武术发展理论。一般来讲,无论是哪一种理论,都必须经过理论—实践、实践—理论的反复提炼、创新,以及升华才能够被人们接受。可是传统武术的实用主义思想,也就是重术轻道、重武轻文、重实战轻现代功用的思想,严重制约了传统武术理论体系的发展,对外核层的研究更是如此。

基于上述情况,传统武术理论的科学研究必须从以下三个方面入手。

第一,是传统武术实践经验的科学总结。

第二,是由已知知识通过思辨之后,所得出的新知识。

第三,是对传统武术现象的观测、实验后的科学总结。

只有将传统武术科学研究的三个方面的知识融会贯通,才能够使传统武术理论的内核层和外核层结合在一起,从而将传统武术理论体系的构建完成。

## 2.传统武术可持续发展的途径与策略

### (1)传统武术可持续发展的途径

找到一条具有可行性的发展途径,是实现传统武术可持续发展的必然手段,也就是说,发展传统武术产业,开发传统武术的经济资源,这些都为传统武术的可持续发展奠定了良好的经济基础,所谓以武养物,就是对传统武术自身所蕴含的各种资源优势的充分利用。

传统武术作为一种文化,能够增进人民健康。通过竞赛,可以使人们审美和求知的需求,以及观赏、娱乐、击技的需要得到满足。由此能够看出,传统武术中蕴含着非常丰富的经济资源,要想对这一资源进行开发和利用,可从以下几个方面入手。

①组织和举办武术竞赛

通过竞赛,形成由各级体育局、政府、企事业单位、武校、媒体、工厂,以及体育院校工程参与的红火场面。与此同时,传统武术也需要在合理规则的引导之下,通过比赛来将相关产业的发展带动起来,从而促进传统武术的可持续发展。

②充分利用传统武术的文化价值

对传统武术的文化价值加以充分利用,并将其转化为经济价值。比如,"武当山武术文化节"的举办,就实现了传统武术经济价值与文化价值的双赢。

③走大众健身的发展道路

将传统武术在全民健身中所具有的优势加以充分利用,并通过开展健身俱乐部、培训班等形式,将传统武术的群众基础扩大,与此同时,获得应有的经济简报。

④提高武术工作者的经济收入和社会地位

通过各种形式发展传统武术产业,一方面,能够让广大传统武术工作者感受到自己工作的社会价值,使其实现自我价值的需求得到满足。另一方面,还能够为传统武术工作者带来较高的社会地位,丰厚的待遇,并且能够将他们的责任心与热情激发出来,从而全身心地投入传统武术的工作中,进而不断地推动传统武术的可持续发展,并将其引入可持续发展的道路上来。

(2)传统武术可持续发展的策略

①加强武术活动的推广

传统武术应引起国家相关部门的高度重视,并由主管部门落到实处,有计划、有步骤地推广传统武术。并且要加大对传统武术进行学术与行政的双重管理,与此同时,还要推行规范教材,举办各种竞赛活动,以及对传统武术进行认定。

②保护和发展各武术拳种

我国的传统武术有非常多的优秀拳种,它们可以在自身建设的基础上,对社会需求进行考虑,并将相应的段位制理论、技术以及升段标准等制定出来,从而有效地推动传统武术的发展。对于那些大众熟知的武术拳种,应成立单项拳种协会,并且举办专项拳种比赛,促进技术的可持续发展。

③大力进行武术功能的宣传

在推广传统武术的过程中,应着重强调它的健身、防身的功能,并通过多渠道对传统武术的资源进行开发,使其价值得以全面实现。相较于广受推崇的竞技武术,必须突出传统武术防身与健身的功能,以此与大众化人群的需要相适应。

④推进竞技武术进奥运

从表面上看，进入奥运会的武术项目主要就是几项武术竞技套路，人们难免会想，传统武术与武术进入奥运会是没有关系的，尤其是为了进入奥运会，竞技武术套路进行了大幅度的改革，比如，裁判方式、场地等。似乎竞技武术已经成为一种与传统武术无关的体育项目了，但是，人们必须记住，竞技武术进入奥运会的最终目的是中国武术的整体发展。

## 3.传统武术文化的可持续发展研究

无论是哪一项体育运动，都具有健身的功效，但是，传统武术区别于其他运动项目的重要本质特征，是其所具有的内在文化特征。传统武术是我国现代武术发展的动力与源泉，而我国武术的生命力则是传统武术自身蕴含的文化内涵。因此，传统武术文化的发展是非常重要的。对于传统武术的发展来讲，传统武术文化可持续理念的树立具有深远的意义与促进作用。

提出传统武术文化的"可持续发展"概念，意义在于指出传统武术文化研究的合理开发与长期性。传统武术文化的可持续发展，就是将传统武术"文化遗产"的静态发展模式摆脱掉，从而呈现出动态的可持续发展模式。

传统武术文化指的是，与传统武术相关的意识形态，主要包括：传统武术设计动作形态的内在原则、传统武术的认知方式与价值取向，以及传统武术在动作形态上的文化特征等。传统武术文化不仅具有建构人的价值意识的直觉性格，更为重要的是其还有逻辑性格，主要表现在以下两个方面。

第一，传统武术文化是中华民族在特定的生活环境中，对外部世界思维的肯定形式。

第二，传统武术文化又构成了一个具有特殊意义与价值的文化世界，建构了中华民族的价值观念与心理，从而形成了独具中华民族特色的民族文化价值观，并且对构建当代人的正确价值观有着相当重要的指导作用。总而言之，在当前我国社会主义现代化建设的宏观社会背景之下，传统武术文化的发展必须融入时代精神内容,只有这样,传统武术文化才能够成为我国社会主义精神文明发展与建设的重要组成部分。

## 二、中华传统武术的产业化发展

在我国社会主义市场经济体制逐步建立与不断发展的同时,我国的体育产业同样发展迅猛,由此,决定了传统武术必须走市场化的道路。作为新兴产业门类的传统武术产业,应该与国民经济相促进、相融合,从而将其潜在的市场效益与经济价值不断地开发出来。传统武术产业化,一方面,对我国经济发展有着重要的作用;另一方面,也对传统武术的发展起着至关重要的作用。

### (一)传统武术产业的基本定义

#### 1.传统武术产业的概念

从现代经济学角度分析,传统武术产业指的是,在市场经济体制下运行的传统武术概念。其是一个大概念,是从宏观上认识的范畴。传统武术产业,一方面,包括进入市场实行商业化经营的传统武术活动;另一方面,也包括和传统武术相关的所有生产与经营活动。

在现代社会主义市场经济的背景下,经济效益是人们思想的指挥棒,也是人们首要考虑的对象,传统武术只有在产生客观效益的前提下,才能够引起人们的注意,从而促进自身的发展。倘若在有物质投入的情况下,传统武术事业产出的只有精神,却没有产生足够的经济回报,这样,一定不会引起人们的兴趣。因此,传统武术想要发展,就必须由公益型、事业型转变为经营型,并且能够产生经济效益才可以。

传承、交流、开发、宣传,是传统武术产业化发展的关键环节。即利用与开发传统武术资源,从而形成传统武术市场,是发展传统武术产业的关键。传统武术向产业化发展,就是要对传统武术体制进行改革,使其充满活力,并且具有自我发展的潜力,而且能够为社会提供传统武术劳务与产品。

传统武术产业要求在与现代武术运动规律相符合,以及与社会主义市场经济的基本要求相适应的基础上,对其经济功能进行大力开发,并通过一系列的经济行为,拓宽传统武术市场,刺激传统武术产品的需求。在经济发展的同时,传统武术产业化一定会受到更多的重视与关注。

综合各方面资料,现在对于"传统武术产业"的理解大致可分为以下三种:

第一种,会涉及"传统武术产业"的内容,认为其既包括传统武术的经济活动,也包括和传统武术直接相关的所有生产与经营活动。

第二种,认为传统武术产业化是一种经济机制的形成,并指出传统武术产业化的实质是传统武术事业的基本运动方式向市场经济的转变。应以传统武术的发展规律,以及市场经济规律为依据,并将经济和武术有机地结合在一起,与此同时,运用一系列市场经济方法、原则、行为与手段,刺激传统武术商品的需求,强化自我发展潜力,并将传统武术市场不断拓宽,从而形成传统武术市场运行的新机制。

第三种,是对传统武术产业性质的理解,即传统武术产业就是传统武术服务业。整体来讲,产业是一些具有某些相同特征的经济活动的系统或者集合。在了解产业的基础上,综合各方面对传统武术产业的理解,可对其大致进行界定。具体来讲,以传统武术技术作为支撑,向社会提供传统武术相关产品的一切经济活动,以及相关经济部门的总称,即为传统武术产业。其中,传统武术产品主要包括两个部分,分别为服务与产品;在我国现阶段,经济部门不仅包括企业,而且包括各种从事经营性活动的其他机构,如社会团队、事业单位、个人或家庭。传统武术产业具有自身的特点,其是中国体育产业的重要组成部分。

想要发展传统武术产业,一方面,要求经济效益;另一方面,也要讲求社会效益。在全球化的消费社会背景下,作为中国传统文化代表的传统武术,应与强调自主创造力、文化艺术,以及创新对经济的推动和支持的思潮、理念结合在一起,来完成传统武术产业的发展。随着国家越来越重视传统武术,其产业必将走向和谐稳定、健康有序的发展新模式。

## 2.传统武术产业的发展历程

我国古代就有"学会文武艺,货卖帝王家"的谚语,由此可见,传统武术是很多习武者的谋生方式,很多传统武术的教授者同样将其作为自己谋生的手段。以上这些体现了古代对传统武术经济价值的开发,也可以说是传统武术产业的缩影。

中华人民共和国成立后,党和政府非常重视武术的发展,在这半个多世纪中,武术取得了飞速的发展,我国的武术呈现出空前的繁荣。大江南北,习武蔚然成风,在竞技体育和全民健身运动方面,武术都取得了空前的成就。在国内蓬勃发展之时,我国武术也已经走向世界,成为世界人民喜爱的运动。目前全世界五大洲都有了洲际的武术联合会,国际武术联合会的会员国也已经有一百多个。随着武术的发展及在国内外的传播,武术的赛事频繁,有全国武术锦标赛、世界武术锦标赛,以及各种商业性的武术搏击对抗赛、中外功夫对抗赛,以及各种民间的武术活动。例如各个武术之乡举办的中国少林国际武术节、中国沧州国际武术节、中国温县国际太极拳年会、中国莆田国际少林武术节等。虽然这些活动的模式还有所欠缺,但也给武术的发展带来人气和不菲的收益。习武人数的增加对武术教育也提出了要求。武术馆校、培训教育大规模兴起。目前全国存在着各种各样的武术馆校。武术旅游也成为一种"特色旅游",具有突出的商业价值,正逐渐在武术市场开发中崭露头角。

此外,武术健身业的发展也显出了巨大的市场潜力。在现代社会,人们的工作、生活节奏加快,生活环境污染,生态失衡与营养过剩,给人类健康带来了诸多危险,各种"城市病""文明病"逐渐产生,这使得人们对身体的健康提出了新的要求,而武术具有健身的价值,因此,人们越来越青睐武术健身。此外,我国老龄化社会的趋势越来越明显,随着中老年人数量的增多,他们的生活成为社会关注的焦点,而武术对中老年人有着极大的吸引力,能使许多中老年人乐于参加健身活动,武术健身既可锻炼身体,又有利于培养共同兴趣,不仅很好地满足人的健康需求,而且,在相互切磋、观摩过程中还可以提高武术健身技巧。

总体而言,随着我国武术运动的普及,武术产业已初具规模,形成了以武术健身娱乐业、竞赛表演业、技术培训业、武术旅游、武术用品和劳务输出等为主题,涵盖内容相当广泛、服务功能和产业门类较为齐全的产业框架。

### 3. 传统武术产业的分类和特征

#### (1)武术产业的基本分类

想要发展传统武术产业,就必须充分地认识与了解传统武术的产业体系,只有这样,人们才能够做到统筹全局,从而对传统武术产业发展的侧重点进行确定。

以"体育消费决定体育市场,体育市场决定体育产业"的"消费决定论"为依据,可将传统武术产业体系划分为三部分,分别为核心产业、中介产业、外围产业。

核心产业:技术产业,表演市场、健身娱乐市场、技能培训市场等。

中介产业:人才产业,高水平武术运动员、民间武术家、武术影视明星、武术经纪人、武术信息咨询,武术劳务市场、武术金融保险等。

外围产业:文化传播业、产品制造业、建筑业、武术影视、武术音像图书、武术旅游市场、武术大型活动、武术服装市场、武术纪念品市场、武术器械市场、武术场馆等。

传统武术核心产业是整个传统武术产业的基础,而传统武术技术又是其典型代表。无论是哪一项体育产业想要发展,都必须大力提升此项目的技术水平。因此,在传统武术核心产业发展过程中,武术技术产业处于主导地位。坚持将传统武术核心产业发展作为龙头,定能够带动传统武术外围产业,以及中介产业的发展,而外围、中介产业的发展能够对核心产业起到进一步强化与巩固的作用。总而言之,三者是相辅相成、不可分割的整体,与此同时,也是传统武术产业和谐发展的基础条件。

#### (2)武术产业的特征

##### ①关联性

传统武术自身的特点,决定了传统武术产业是一种具有很强关联性的产业。作为中国传统文化组成部分的传统武术,它和我国传统文化中的其余组成部分有着紧密的联系。与此同时,其价值功能也很丰富,对传统武术的开发,一定能够带动和传统武术相关联的其他产业的发展,比如,传统武术用品业、传统武术经纪业、传统武术培训业等。由此可知,传统武术产业是关联性很强,并且关联面很广的上游产业。

②潜力巨大,影响深远

传统武术产业有着巨大的发展潜力,其影响也是非常深远的,目前的发展已经初具规模。作为中国本土成长起来的中华传统武术,具有群众基础广泛的优点,而且在产生发展过程中吸引了中华民族优秀文化的营养。因此,传统武术的发展潜力是巨大的。

目前,传统武术事业的发展需要产业化这种发展模式,而市场经济体制对传统武术的经济价值也是一种肯定,由此可知,在产业化发展中,传统武术一方面,得到了发展,另一方面,也创造了经济价值,与此同时,还使当地经济的影响力增加了,可以说是一举三得。

除此之外,在传统武术产业发展的过程中,其优势逐渐凸显。作为一个能够持续发展的产业,传统武术具有能源消耗少,且不会对环境造成污染等优势,与转变经济增长方式的要求相符合。因此,全国各地都在积极地发展传统武术产业。

③社会价值良好

传统武术产业的社会价值也很大,其对创造社会价值,以及社会稳定都有贡献。作为一种劳动密集型产业,传统武术能够为人们提供的就业机会比较多,与此同时,也为传统武术人才的输出提供了就业空间,并且能够带动当地服务业的发展,应肯定传统武术产业所创造的良好社会价值。

④国际化趋势明显

我国传统武术正在一步步地走向世界,并且受到了外国友人的喜爱,而传统武术产业也在逐渐国际化。到目前为止,国际传统武术联合会的会员已经达到一百多个国家与地区,这些都为传统武术产业的国际化奠定了坚实的商业基础。

## (二)传统武术产业化的原因、发展模式及其意义

### 1.传统武术产业化发展的原因

(1)经济原因

和平与发展是当今世界的两大主题,而世界的发展离不开经济的发展,市场化又是现在世界经济发展的趋势。自我国加入世界贸易组织(WTO)之后,逐步建立了社会主义市场经济体制。对我国的经济发展来讲,市场经济的地位获得确立有着非常大的促进作用。在市场经济条件下,在经济发展规模增大的同时,各部门间的联系也在逐渐加强,由此,对产业化提出了要求。因为我国市场经济,以及体育产业化都在发展,因此,要求作为体育产业组成部分的传统武术产业化也应该不断地向前发展。总而言之,传统武术产业化发展是我国经济发展的需要。

(2)政治原因

由传统武术的发展过程可知,政府对其的发展起着非常重要的作用。而政府对传统武术的重视,以及国家颁布的政策,都是传统武术产业化发展的重要原因。

(3)自身原因

传统武术产业化,同样是传统武术本身向前发展的需要。在当今社会,倘若传统武术想要向前发展,传统武术产业化是重要的途径之一。在我国,传统武术产业的发展有着独一无二的优势,这也为传统武术产业化提供了好的条件,具体表现如下:

第一,我国具有世界一流的传统武术水平,这是所有产业得以发展、壮大,并最终位居世界前沿地位的先决条件。

第二,中国传统武术产业的资源丰富,主要包括:人才、技术、文化及产品资源等,并且具有可持续发展的特点。

第三,在我国,传统武术的群众基础雄厚,因此,传统武术会有广阔的消费市场,以及庞大的消费群体。

第四,在世界范围内,中国传统武术有着广泛的影响力,有很多体育

品牌世界闻名。现如今,以传统武术作为表现内容的文艺作品,尤其是影视作品,已经成为主流内容之一。目前,传统武术运动在音像、竞赛表演、武术产品等领域内,都进行了产业化的尝试,并且都取得了良好的经济效益。

### 2.传统武术产业化发展的模式

通常情况下,传统武术产业化发展的模式有两种,分别为政府参与型和市场主导型。需要以政府在本国传统武术产业中发挥的作用为依据,来确定传统武术产业化的发展模式。倘若政府的态度是放任自流,那么传统武术发展可采用市场主导型模式。与之相反的是,倘若政府对本国传统武术产业的发展设定目标,与此同时,还利用多种手段调控、规范,以及引导体育市场主体的运作与组建,那么,可采用政府参与型模式。

借鉴国外的相关经验,并结合我国的基本国情,可知政府参与型,是比较适合我国传统武术产业化发展的模式,主要有以下两个原因:

第一,由于我国传统武术起步较晚,传统武术消费规范化的运作水平,以及传统武术市场体系等许多方面还不完善。采用市场主导型模式,会让传统武术产业放任自流地发展,易导致传统武术产业的消亡。

第二,采用政府参与型模式,可以将政府的作用充分地发挥出来,从而为传统武术产业的发展确定计划与重点,并将发展中的问题及时地解决掉。

当然,传统武术产业发展模式并不是一成不变的,在社会经济、传统武术产业逐渐发展的同时,也需要适当地调整传统武术产业的发展模式。

### 3.传统武术产业化发展的意义

随着我国人民生活水平的日益提高,越来越多的人注重健康产业,热爱传统武术,发扬传统武术,武术产业在今后很长的一段时间内具有很大的开发潜力,走向世界。传统武术市场的开发和产业化,是中国经济改革的必经途径和重要补充,只有认真理解和把握传统武术市场构成的基本要素,严格遵循社会主义市场经济规律,不断总结经验和教训,讲究策略、方法和步骤,才能更好地推动中国传统武术发扬光大。

（1）对自身发展的意义

①传统武术产业化有利于传统武术运动的发展

传统武术产业化对传统武术的发展具有促进作用。随着社会文明的进步，人们的欣赏品位、价值标准也在不断提升，传统武术的发展必须以人们的不同兴趣爱好，以及不同习武群体为依据，来发展相应的传统武术产业体系。一方面，要大力普及招式易学、简单，并且具有较高健身价值的传统武术项目；另一方面，也要发展"高、难、美、新"的竞技武术。与此同时，还要有专业人才对传统武术特有的文化内涵进行研究，并挖掘其时代的价值体系等。

想要将上述工作做好，就必须斥巨资来广泛地宣传传统武术，并且要举办各种国际、国内的传统武术比赛，加强传统武术基础理论的科研等。显然，仅依靠国家的有限拨款无法满足这些要求，而发展传统武术产业化对解决传统武术经费缺乏的现象有利，并且能够更好地推动传统武术的发展，弘扬中华传统武术。

②传统武术产业化有利于传统武术资源的保护

传统武术产业的发展，需要详细地了解我国的传统武术的历史，这必然会带动全社会对传统武术的整体挖掘以及历史考察，以期恢复它原本的活动形式，并将具有各个地域特色的拳种体系建立起来，并且给予保护、定义与科学利用。

③有利于习武人群的增加

近几年，一些高校不断开设新的武术类专业，吸引了一大批年轻人报考和学习。众多人群投入是传统武术发展的必需条件，而传统武术作为传统文化的组成部分之一，再加上和现代健身方式的结合，一定会以其独特的魅力吸引众多的追随者。

（2）对社会经济发展的意义

①传统武术产业化有利于经济的发展

传统武术产业化能够促进经济发展水平的提高。传统武术产业化为社会提供了大量的就业机会，也为许多热爱武术、强健体魄的人群提供了消费机会。我国劳动就业等社会问题的解决,是我国目前经济增长率较高,以及发展较快的一大原因。

②传统武术产业化有利于国民经济产业结构的优化和调整

在国民经济发展的三产中,传统武术产业包含在第二产业和第三产业中。除了其中部分传统武术设备、用品业属于制造业外,多数属于第三产业服务业和教育业。目前,我国的第三产业发展相对滞后,国家逐步对产业结构进行调整,大力发展第三产业的政策不断推进。传统武术产业的开发,对扩展我国第三产业的发展空间十分有利,也间接推动了体育产业制造业的发展。

③传统武术产业化有利于促进消费

消费是国家经济发展的重要驱动力之一。近几年,国家通过扩大内需等手段刺激消费,推动门国民经济健康、快速和可持续发展。我国是一个具有悠久历史的文明古国,传统武术源远流长,对传统武术产业的开发,也是刺激与拉动内需的手段之一,并且起到吸收社会闲散资金的重要作用。

## 三、武术产业化发展的应对策略

### (一)加强政府管理与支持,健全相关法律法规

武术产业化有市场主导型和政府参与型两种发展模式,我国的传统武术产业的发展,在社会主义市场经济体制下,主要采用政府参与型的产业发展模式,这是由我国的国情及传统武术这一产品的特性所决定的。因此必须充分发挥政府在武术产业化发展中的作用。发挥政府的作用,首先要为武术产业发展确立目标。目标确立后,政府应出台多项扶持政策,采取发展武术产业的措施,将武术产业确定为体育产业发展的重点。就我国来说,武术有其独特的特点和天然的优势,武术产业理应成为我国体育产业发展的重点。首先,武术蕴含着深刻的文化内涵,具有中华民族的特色,有着雄厚的群众基础,在国内,任何一个体育项目的参与人群及发展速度均不能和武术相提并论;其次,国际武联成员组织逐渐增多,已

达到一百多个，而在众多国际单项体育联合会组织中，唯有国际武联总部设在中国北京，且由中国人担任国际武联主席，这些都表明中国武术具备了世界一流的竞技水平，是武术产业成为我国发展重点的重要依据；再次，我国武术产业发展具有丰富的资源，可以说是有着可持续发掘、取之不尽的资源，资源种类多，包括人文资源、文化资源、人才资源、产品资源、技术资源等，为武术产业的发展提供了条件；最后，中国武术已在世界范围内产生了一定影响，初具国际化规模，如以健身为主导的太极拳、以武术为表现内容的影视作品等，都非常受西方国家欢迎，成为西方健身娱乐业的主流内容之一，这为武术产业化的发展壮大打下了坚实的基础。

当然对武术产业进行扶持，必须健全完善相关的法律法规，"没有规矩不成方圆"，只有健全与完善传统武术市场的法律法规体系，才可以对市场起引导、规范作用，才能为传统武术产业化发展提供良好的环境。

### (二)积极开拓市场,促进武术发展

在当今时代,市场化是武术发展的必由之路。武术产业化的发展需要诸多有关武术的市场的配合,武术产业化要想发展,必须积极发展武术相关市场。因此,要积极开拓武术的国内外市场,为武术的发展创造良好的环境。

#### 1.武术消费市场

在当前,我国武术消费还不旺盛,武术消费在体育消费中所占比例还很小,因此开拓武术消费市场,扩大我国的武术消费水平非常迫切。这就要求我们充分发挥武术的吸引力,刺激消费,可以借鉴武术理论中的深厚哲理。

另外,武术具有诸多的功能价值,其中的健身价值能够满足人们对健康的需求,武术还具有防身作用并且动作优美,这都可以成为刺激武术消费的有利条件。只要充分挖掘武术的价值,就会形成有活力的品牌,吸引大企业、大公司参与到武术的发展中来,进一步促进武术产业的发展。

#### 2.武术竞技市场

武术竞技市场包括武术散打市场和武术套路市场,武术向竞技化的

发展的时间并不是很长,但却取得了快速的发展。

(1)武术散打市场

武术散打的发展时间同样也不长,但是散打具有实用性、客观性、观赏性,它所追求的理念,与奥运的目标"更快、更高、更强"极为吻合。因此,武术散打具有非常大的活力,将会在很短时间内在全世界普及开展。散打由于具有较高的观赏价值、实用性和民族性,在我国同样具有极高的商业开发价值,因此,就目前而言,更为重要的是利用目前的举国体育体制的优势加快散打运动的市场化进程。使整个散打竞赛建立在强有力的经济为后盾的基础上,成为有自我造血功能的品牌体育赛事。

散打王争霸赛是武术散打的赛事,也是武术散打商业化的一种尝试。武术散打市场发展前景广阔,我们应深入分析目前的问题并采取相应措施改变现状。就当前来说,各种散打赛事的盈利模式较为单一、缺乏创新。因此,可以在原来营利模式的基础上,利用现代经济的制度创新、模式创新的成果,以赛事为依托,充分利用武术资源,全方位地开发散打的商业价值,使其效益最大化。此外,还要积极加强散打市场化的科研攻关工作,使散打职业化的运营建立在科学的基础上,从而少走弯路、节省成本,提高经济效益。

(2)武术套路市场

武术套路是武术运动的重要内容。武术套路运动内容丰富、形式多样、风格迥异,具有极高的艺术美学价值,虽然在实用性上不如散打,但比散打运动复杂得多。因此,套路运动的市场开发有着自身独特的特点。

就目前来看,武术套路的发展必须借助竞赛,只有以竞赛为杠杆,才能推动武术项目的普及与提高。但是作为竞技项目,武术套路目前存在许多问题。首先,竞赛主体不明确,不知道比赛比的是难度、高度、稳定性,还是动作的美感,或者其他。其次,套路、竞赛规则的常变多改、复杂累赘、缺乏客观性,这主要是比赛主体的不确定造成的。因此,要推动武术套路运动竞赛的发展必须对武术套路运动进行符合体育科学的竞技改造,即确立比赛主体和制定规范、客观和简便易于操作的竞赛规则。再次,要借助竞技体育竞赛的杠杆作用,加强武术的基层组织建设,推动基层武术训练、竞赛和管理的发展,形成以基层体校或传统体育学校为起点,培育选拔、输送武术人才机制。最后,以竞赛为杠杆,逐步规范武术竞赛,积极稳步地开拓国际市场,加快国际化的步伐。

武术套路还有着较高的艺术价值,因此开发武术套路市场还应发挥套路运动艺术价值,将各种套路运动与戏剧等其他舞台艺术形式有机结合。通过优秀剧目和舞台艺术展现中国武术的历史与文化,倡导武术所反映的人文精神。在文化艺术日趋繁荣的今天,一定具有广阔的市场前景。

### 3.武术文化市场

文化市场是文化与经济相结合的产物,狭义的文化市场是指文化产品和文化服务交换和流通的场所;广义的文化市场是指文化产品和服务在交换过程中所反映的经济关系的总和。武术市场是文化市场的一种,这是其市场属性决定的。在武术产业的发展中,武术文化市场的发展至关重要。一方面,要加强武术文化基础理论的研究工作,借助媒体宣传作用,积极引导武术文化的消费需求;另一方面,要积极开拓武术市场,形成以创新促市场发展,以发展推动武术创新的良性循环。

武术文化市场中包含有形产品、无形产品,物质产品和精神产品,类型相当复杂,而且人们对武术多元价值的认同是武术文化产品的生产与消费的依赖。这就使某种类型武术文化在消费的同时可能会带动对武术文化其他层次的需求。从而,武术市场的开发具有文化先行性、潜在性、引导性的特征,因此文化规律成为制约武术文化市场的另一规律。由于武术文化产品及其服务价值的二重性及其消费特性,武术文化市场具有与一般物质产品市场所不同的市场效益二重性——经济效益和社会效益。社会效益第一,经济效益第二。没有社会效益也就无从谈起经济效益。

随着社会的发展,武术文化产品的生产、流通、消费和服务呈现出了新的面貌,这与现代化的社会化大生产紧密不可分。大工业生产和现代的科技为武术文化的生产和服务活动的开展,创造了极为有利的条件,丰富和扩展了传播媒介、流通方式、消费方式。

### 4.武术国际市场

武术运动早已走出国门,且在世界上已经产生了一定的影响。但就推广的规模和速度等方面而言,仍然发展较慢。国际市场的开拓对武术产业的发展至关重要,因此要加快国际化的步伐。首先,有计划地培养武术教学、训练科研等方面的既精通业务、又有较高外语语言水平的教师队伍、教练员队伍、裁判员队伍。其次,通过与有较好师资条件的体育院校合作,开办针对外国学生的相关专业,培养符合武术运动发展需要的国际性人才,推动武术项目的发展。

## (三)创建产业运作实体,加强产业运作

产业运作实体对产业化发展有着重要作用,这是经济发展的宝贵经验。任何经济产业要在激烈的市场中求生存与发展,拥有属于自己的产业运作实体是至关重要的。目前我国武术发展的现状也对产业运作实体提出了需求。创建具有一定实力的产业实体,对武术产业资源及市场资源进行全方位的整合,以及改善我国武术市场无秩序、无组织的发展状况是十分必要的。

武术产业化发展会遇到许多困难,承办大型赛事需要可观的前期投入,除此之外还需要做大量的赛事运作工作,如筹集资金、修建体育场馆、运作门票市场、开发赞助商和供应商、赛事组织、购买器材、聘请保安和服务员等,这些工作比较烦琐,需要综合考虑,因为稍不小心就可能带来巨大的损失。而武术产业运作实体在处理这些申办、筹资、建设、举办工作时,比较专业且经验丰富。因此创建实力强大的武术公司很有必要,能对武术赛事进行有效合理的规划和推广。

此外,发展武术产业,还要大力发展武术俱乐部。武术俱乐部是基本的武术产业运作个体。目前,武术俱乐部对武术产业发展起着重要作用。武术俱乐部已经成为我国武术产业发展的主要形式,它可以作为培养某一拳种竞技人才的场所,俱乐部可以派队参加本拳种的擂台赛,在特殊的

地区发展或建立本地区特色的拳种俱乐部还有利于继承与弘扬传统武术文化。

### (四)采用多种手段,创新武术品牌

传统武术是我国的宝贵财富,所以,我们应积极研发实施品牌战略,提高武术产业的国际竞争力,促进武术产业的快速发展。目前,我国武术虽然跨出了国门,走向世界,也参与一些交流、表演和比赛,取得了一定的成绩,但其发展的状况仍不能令人满意,造成这种情况的原因是多方面的,如武术产业自身的宣传推广不够等,没能形成品牌优势是直接原因之一。武术品牌包含的内容很多,有武术工艺品、武术旅游用品、武术邮票书画、武术音像光盘、太极健身等。武术品牌有很大的发展空间和发展潜力,关键在于科学合理地开发。

如今,起源于古代的武术,随着中国经济的迅猛发展和国际地位的提高,走出国门,迈上世界舞台,得到长期、系统的发展。在世界上已形成了诸如"武术""功夫""太极拳"等颇有影响力的品牌。在国际上,以武术为表现内容的文艺作品,已经占有重要位置,如《卧虎藏龙》《精武门》《少林寺》等影视作品。武术与电影的结合,提高了武术的知名度,在世界范围内带动了新一轮的功夫热潮。在武术与电影有机结合的过程中,需要把握两点:一是真实的武术与电影中的武术的区别;二是影视中的特技效果对武术产生的负面影响。在赛事方面,"散打王"已成为人们心目中的品牌形象,这是在中国武术与美国职业拳击选手、泰国拳手近几年的连续对抗中形成的。诸如此类的武术赛事商业价值、市场前景巨大。

### (五)鼓励武术消费,培育武术消费主体

国民经济在快速发展,人们的物质生活水平也在不断提高,人们对余暇时间的活动内容提出了更高的要求。体育管理部门应正确引导人们从事武术健身,鼓励武术消费,培育武术消费主体,在满足个人对武术的要求的同时,促进武术产业的发展。

目前,我国的武术消费水平还很低,武术消费主体尚未培育成熟,这成为制约当前武术市场发展的重要因素。我国参加体育健身娱乐消费的

大部分是"游兵散将",缺乏一种会员活动组织机制,更没有形成固定的消费群体。因此,现阶段要努力培育武术市场的消费主体,积极鼓励居民从事武术健身消费。

一个行业市场化的发展前提就在于消费产品的人群必须大众化。价格因素是市场中最重要的,在商品性能、服务承诺和家庭收入状况、需求欲望基本相同的条件下,价格高低是决定购买的第一要素,因此武术产业发展应实行消费者可接受的低价格策略。鼓励武术消费,还要根据武术消费者的不同年龄、不同职业、不同收入以及不同的特点和兴趣爱好,开发出不同的武术消费产品。消费产品种类繁多,才能供消费者自由选择,才能满足消费者各种各样的需要。武术的发展也要采用多种形式,创造多种多样的消费产品,刺激消费者的消费热情,以培育各种武术消费群体。

## (六)扩大武术人才的培养,积极推广武术

武术产业的发展,人才的作用是不容忽视的。尤其是当今社会,武术产业在国内、国外两个市场上发展,采用的多为数字化、网络化的技术手段,并且是与拥有品牌优势和销售渠道优势的大型跨国公司展开生存竞争,竞争的胜负很大程度上取决于武术品牌的质量和拥有发展武术产业的人才数量。因此,应加大宣传力度,增加武术产业的吸引力,使更多不同领域的人才加入武术产业的大家庭当中,各尽所能,逐步形成适应市场经济规律的运作形式和过硬的人才队伍。我国武术的现状需要越来越多武术专业人才的出现,培养武术人才是武术发展的根本保障。

此外,武术的发展还离不开在全世界范围内的宣传和推广,这也是武术产业发展的需要。因此,要加大宣传力度,加强政策扶持。加大媒体的宣传力度,促进武术的推广与普及,把现代高科技运用到武术产业中,拓展全新的产业空间,提高武术产业的整体运作效率,为全面提高武术的国际化地位与社会影响开创一个新的起点。在宣传推广过程中,要注重传统武术文化传播。中国传统武术因其深厚的文化底蕴,越来越受到国内外学者的关注,而且其深远的品牌价值也受到商界人士的青睐。在信息

化年代,产业的发展、产品的宣传都离不开媒体。因此,传统武术作为民族体育的品牌,也应通过现代化媒体积极宣传,而且要特别重视对传统武术文化的宣传与传播。

一般而言,在世界范围内推广普及武术运动需做好以下几方面工作。

第一,挖掘与升华武术的民族特征,体现中华传统文化,尤其是散打的民族特征的具体体现。

第二,武术"法规"的建设与完善。

第三,健全武术比赛的种类与形式。

第四,在中小学开展武术教育,抓住广大青少年这一群体。

第五,现代传播媒体、高科技手段的介入。

## (七)继承传统武术,挖掘武术的文化内涵

在武术产业化发展过程中,一个基本的发展原则就是继承武术传统,还原真实武术。武术是一种技击术,它具有攻防含义。在武术的习练中,真打实战尤为重要。为了武术的发展,需要为这种体育运动构建一个适合它发展的平台,擂台争霸赛是一种合适的形式,它应该是以民间传统的"擂台比赛"为主要形式,在能最大限度地保留武术本质的基础上,制定相应的比赛规则,以便裁判和预防意外伤害。这种赛事是在传统武术产业化的进程里,在武术赛事产业的模式发展中策划的,把一种拳种归为一种比赛项目。像这种在武术赛事运作中,以还原真实武术作为基本目标,在传统武术产业化过程中,始终以这一目标作为我们行动的原则。

此外,武术作为一种优秀的民族文化,是国粹。武术既是一项体育运动项目,也是一种文化形态。它具备了体育项目的共性,又具有鲜明的文化特性。它与体育运动项目的共同特点是竞技性和健身性,而武术独有的个性则是突出的民族特色和丰富而深刻的历史文化内涵。我们要充分挖掘武术运动自身所蕴含的哲理、精神和文化内涵,使其为现代人服务。电影《卧虎藏龙》共夺得 4 项奥斯卡奖。电影中,古典、传统、唯美的武打场面是全片的最大看点。究其原因,首先是武术给电影带来的特有意境和节奏,其次是武术所特有的国人习俗与情节,令西方人心动,最后是武

学精神、武术内涵给电影注入了东方神韵。总之,传统武术是我国文化的代表,具有悠久的历史,具有丰富的文化内涵,主要表现在民族性、理论性、技术性、传奇性和艺术性。在当今社会,传统武术的应用价值已不复存在,而其文化艺术价值凸显出来;因此,武术的产业化发展主要应考虑如何开发传统武术的文化艺术价值,而传统武术的创新与发展也应该在继承传统武术文化艺术价值的基础上进行。

# 第二节　传统武术的传承与发展

## 一、现代教育背景下学校武术的继承和发展

民族传统体育的发展离不开学校这一中介,因而,在学校中传承与发展传统武术是一项非常有意义的战略性措施。从历史上来看,我国传统武术的传播范围主要是民间下层社会,学校武术在整个封建时期几乎都不存在。这就制约了武术向上层社会的传播。只有在学校教育中引进武术,利用学校这一平台来传播武术,才会增加社会名家接受武术教育的机会,也才会使这些名家在武术发展中发挥自己的作用。现代教育日益普及,人们步入社会前几乎都要先在学校接受教育。可见,人多且集中的学校对于武术运动的传播与发展而言是一个最为关键的阵地。学校拥有大规模的传播空间,许多体育运动项目都是从学校开始慢慢发展的。

当前,我国竞技武术的发展取得了一定的成果,但学校武术的发展情况却不容乐观。通过学校教育来传播与发展武术运动是我国传统武术持续健康发展的基本出路。

具体而言,学校武术的发展需要开展以下几方面的工作。

### (一)在学校体育中开设武术课程

在学校体育中开设武术课程首先要得到教育部的支持。传统武术运动真正进入学校阵地需要对师资和课程内容这两个重要问题进行解决。师资问题实际上也就是武术运动的传播者问题,即学校需要对专业武术

教师进行配备。课程内容问题也就是传播内容问题,即在学校对哪些武术内容进行传播。当前,发展学校武术已经引起了我国武术运动管理中心及教育部门的重视,而且初步取得了良好成效。需要注意的是,在设置学校武术课程内容时,必须与各级院校学生的体质要求相适应,对具有体育性、文化性、安全性及娱乐性特征的武术内容进行设置。

## (二)发挥武术的文化教育功能

作为一种文化艺术项目,传统武术具有突出的文化教育功能,这一功能的发挥有利于促进民族精神的弘扬和民族凝聚力的增强。学校开展武术教育有利于对民族精神进行培育。

一直以来,在社会主义文化建设中,通过文化艺术来对民族精神进行培育和弘扬都是一项重要课题,我们保存与维护民族文化艺术,促使其走向世界,都是在对民族文化与民族精神进行弘扬,我们有关部门之所以提出在学校中对民族精神进行弘扬,主要是因为我国各级院校长期以来都一味重视应试教育,而忽视素质教育,从而使青少年很少有机会了解中国传统文化,而且数典忘祖的现象也逐渐开始出现。因为传统文化教育的缺失,我国青少年的世界观与价值观都没有得到良好的树立。而且现在社会各个领域都蔓延着拜金主义、享乐主义,这些思想严重冲击了传统文化的价值观念,青少年很容易在这些不良风气的影响下走歪路。如果没有优秀的传统文化与高尚的民族精神引导青少年的发展,那么青少年就很容易走入迷途。在这种情况下,必然要针对青少年开展传统文化教育,对其民族精神进行培育和弘扬。民族精神教育不仅要渗透在文化课中,而且要在体育课中渗透。武术教育是文化教育和身体教育的有机统一,武术运动蕴藏着丰富的传统文化内涵,因而通过这一教育形式更有利于弘扬民族精神,开展该项目的课程教育更有利于促进传统文化教育的高度落实。总之,向青少年弘扬民族精神的目标在武术教育中能够更好地实现。

在学校武术的传承与发展中,要加强对武术教育功能的充分发挥,使其在弘扬民族精神、增强民族向心力方面做出应有的贡献,这是学校武术的一项重大使命。

### (三)广泛开展学校武术比赛

学校武术的发展需要一定的动力来支持与督促,学校内外武术比赛的开展就是非常有价值的动力。通过举办比赛能够对武术运动进行传播,吸引更多的人参与其中,从而扩大武术人口。开展学校武术比赛有众多形式可选,如全国比赛、地方比赛;大、中、小学生比赛等。

### (四)实行组织传播方式,对会员制、段位制进行开展

学校在开展武术课程,传播与发展武术运动的过程中,可对武术协会进行建立,对会员制加以实施,使学校武术的开展更有组织性。许多体育项目在学校传播都是通过组织的方式进行的。

此外,针对学校武术运动开展不容乐观的问题,可实施武术会员制,以此来更好地向青少年传播武术运动。实施武术会员制重在引导,该制度的实行要有计划有步骤地全面落实,尽可能在各级各类学校都实行该制度,学校各武术组织要将开展校园武术比赛的工作重视起来。

## 二、现代社会背景下社会武术的继承和发展

传统武术传播的最大阵地就属社会了。向社会传播武术运动,能够使武术人口增加,促进武术群众基础更加广泛,从而为竞技武术的发展奠定良好的基础。传统武术运动专业性组织传播的典型代表是武术馆校。据统计,我国的武术馆校已超过一千所,在校人数达几百万,每年都有来自武术馆校的毕业生走进社会,他们对武术的传播、普及与发展起着重要的作用。所以,在现代社会背景下,社会武术的传承与发展要将重点放在武术馆校上。

### (一)武馆秉承"诚信传播,教武育人"的原则

作为重要的武术传播组织,武术馆校极具专业性。武术馆校在对武术运动进行传播的过程中,首先要做到诚信,不可以用虚假广告来进行传播,这是欺骗行为。同时,要对武德的传播予以一定的重视,促进武术教

育功能的强化与发挥:在武术馆校接受武术教育的学生应讲道德,为社会做出自己的贡献。武术馆校重视传播武德,会实现明显的社会效益,但如果不重视武德传播,不仅会对武术馆校的可持续发展造成制约,还会危害社会的发展。武术馆校要将自身的育人功能积极发挥出来,同时将文化课程的教育充分重视起来,这不但能够促进习武者文化素养的提高,还可以吸引更多的人在武术馆校接受教育。在国外武术类项目中,成功传播的项目都具有突出的教育功能,因而才使家长愿意将自己的孩子送到武馆接受武术教育。所以,我国武术馆校一定要以"诚信传播,教武育人"为基本办学准则,从而更好地发挥馆校的教育作用。

## (二)对武术传播场所进行建设

从传播学的角度来讲,武术传播场所就是武术传播的具体环境,这是传播武术必须具备的。

在中国各个城市几乎没有武术馆,这也是影响武术社会化进程的因素之一。遍布世界各地的跆拳道馆,构成了跆拳道的国际传播网络。武术的社会传播要注重建立传播场所。这种传播场所可以是小区空地、公园空地、体育场所,也可以是专门的武术馆等。就像全民健身器材遍布各个城市一样,武术练习场所也要遍布各地,这样才能保障武术的大众化进程,保障社会武术传播的成功。

## (三)促进武术"健康娱乐"功能的充分发挥

健康与娱乐是新时代体育的发展走向,而且认为人类对体育的基本要求也体现在这一走向上。为了满足人类对体育的要求,武术传播中要注意促进对武术健康功能和娱乐功能的发挥,在社会上广泛传播适合健身和娱乐的武术技术,从而使更多的人在参与武术运动的过程中获得健康与快乐。

## (四)有针对性地传播相应的武术内容

武术的传播要有针对性,只有针对某一群体或不同的传播对象进行传播,才能使武术传播的内容和形式与该人群的需要相适应。木兰拳在社会上的传播之所以能够成功，主要就是因为其以中年女性为特定的传播对象，从而采取有针对性的传播措施。具体来说，在社会上有针对性地进行武术传播需要注意三个方面，首先根据人们参与体育锻炼的目的进行传播；其次根据人们参与体育锻炼的态度进行传播；最后根据人们对不同运动特点的需要来进行传播。

### （五）实行组织传播的方式

历史上很早就有通过组织的形式向社会传播武术的事例，而且都取得了一定的成效。宋朝社会武术传播的组织中，规模比较大的有"锦标社""角抵社"等。清代社会武术传播的组织形式也有很多，其中最为典型的是武术秘密结社。近代，"中华武术会""精武体育会"等是社会武术传播的重要组织，这些组织在武术的社会传播中发挥了积极的作用。社会武术传播主要以组织传播这一形式为主。作为优秀的民族传统体育项目，武术的发展离不开对多种形式的武术组织的建立。因此，传承与发展社会武术，需要加强对社会武术传播体系的建立与完善。

武术组织传播这个概念很广泛，既包括大组织，如中国武术协会，也包括小组织，如小区武术组织。① 不管是何种规模的组织，只要其对于武术的传播有积极的作用，就会受到法律及相关部门的保护。

### （六）促进段位制、会员制传播功能的充分发挥

我国武术运动的社会传播离不开段位制的作用，段位制是传播武术运动的一项有效策略。实行段位制，实际上就是通过武术技术设级来对人们的成就感进行激发，从而对武术运动进行由浅入深的传播。跆拳道、空手道等项目通过实行段位制而取得了良好的传播效果，借鉴这一成功经验，我国武术运动的社会传播中也开始积极实行段位制。将段位制运用于武术运动中，需要对武术技术标准进行科学研究，并面向大众设立段位考试机构。有人认为，武术段位制只对武术界人士适用，并不适用于社会大众，这是错误的观点，只有面向大众，才能起到更好的社会传承效果。

---

① 冯锦华.中华武术文化理念与教育研究[M].北京:北京工业大学出版社，2020:134.

作为一种组织传播的模式,会员制在各行业、各领域的使用非常普遍。保障会员能够获得优惠权利是会员制得以发展的关键,在武术的社会传播中,可将会员制与段位制结合起来进行实行,如此能够取得更好的传播效益。

### (七)加强社会武术指导员制度的实施

社会体育指导员等级制度自从被国家体育总局提出后就得到了迅速的发展。作为社会大众中的体育固定传播者,社会体育指导员对社会体育的发展起着关键性的影响。

我国社会大众中,希望自己在体育锻炼中有人指导的占绝大多数,只有很少的人不希望有人指导自己。但实际上,真正受到指导的锻炼者只有少数,大部分人都是自己锻炼,没有得到指导员的指导。这表明,我国目前的社会体育指导员数量少,不能满足人们健身锻炼的要求。

社会体育指导员制度的实行对于武术的社会传播非常有利,社会武术指导员制度的实行需要由国家武术主管部门先制定相关政策。作为重要的武术传播者,社会武术指导员面向的是社会大众,武术在社会上的传播程度与效果直接受社会武术指导员数量和质量的影响。

我国实行社会武术指导员制度,需分项目进行,如形意拳指导员、木兰拳指导员、太极拳指导员等。此外,社会武术指导员制度的实行可与武术段位制相结合,达到一定段位的人可获得相应等级的社会武术指导员资格。

## 三、多元文化视角下传统武术的继承和发展

在社会的不断发展中,因为发展水平、地理环境等方面的差异而形成了丰富多彩的多元文化。文化的多元化趋势在全球化的今天体现得非常明显。不同国家、民族都形成了本国或本民族文化。在这一背景下,我国传统武术文化的传承与发展离不开对世界其他优秀文化的借鉴与吸收,当然这是建立在承认世界文化多样性和保证我国传统武术文化特色的基础上的。

## （一）多元文化与中国传统武术文化的关系

### 1.中国传统武术文化发展的条件及必要性

传统武术是我国具有悠久历史的民族文化遗产和优秀的传统体育项目，蕴含着深厚的东方文化内涵，它的内容博大精深，运动形式丰富多彩。它是千百年来，一代代武林前贤不断在前人的基础上有所发现、有所发明、有所创造而不断积累起来的。我们这一代人，当然也应该在前人的基础上有所发展、有所创新。

（1）传统武术的发展需要国家的大力扶持

从历史上来看，任何事物的巨大发展离不开上层社会的支持，这是由国家的正确决策和巨大的影响力决定的。当今，传统武术的特殊价值日益表现出来，为了全国人民的健康利益和国家的教育大计，我们没有理由不对传统武术做出重大的发展决策。现在武术确实改革了，但已改得失去了自己的方向，不能满足人们的健身需求，只能在上层社会传播，更谈不到什么推广了。因此，国家应制定相应的政策对传统武术进行新的改革，然后进行大量的宣传，使人们对传统武术有一个全面的认识。

（2）传统武术的发展需要经济上给予扶持

国家要举行大型的传统武术比赛，即使不能找到赞助商，国家也要出资，把比赛举办成功，然后向经济实体举办过渡。但这也要遵守循序渐进的原则，传统武术的发展不可一蹴而就，我们相信传统武术将会唤回它的第二次青春。

（3）传统武术的广泛适应性，是全民健身最有效的运动形式

传统武术是注重体用兼备的中华民族传统体育活动方式。它有着丰富多彩的运动形式和锻炼方法，而且对练习场地和运动器械的要求不高，不同个体、不同年龄、不同体质、不同阶层的人都可以根据自身的健康状况和兴趣爱好去选择适合自己锻炼的内容。正是它的这种健身价值具有广泛的适应性，有利于普及我国全民健身计划。传统武术有着浓郁的中华民族传统文化内涵，习练者可以从中领悟和了解中国传统武术文化特色，是广大人民喜爱的活动项目，经久不衰，具有很强的生命力。正因如

此,海内外各地民间涌现出了众多的单项拳种研究会。由民间人士或地方政企自筹资金举办的传统武术联谊、表演、竞赛等活动,在各地蓬勃兴起。发展至今,一些单项拳种的交流比赛活动,已形成顺届连办的定例,每届都能吸引上千人或数千人参与。以传授某种传统武术为主的民间武术馆校,也如雨后春笋般迅速发展起来。

(4)传统武术是当前素质教育的有效载体

传统武术是民族传统体育的一部分,具有教育、健身、娱乐的本质功能和政治、经济、文化、科技的非本质功能。它对素质教育的很多方面有深刻影响,尤其是对学生的个性发展、身心健康、思想道德、人文素质和科学文化素质的培养具有深远的现实意义。我们尽可能利用传统武术的这些本质和非本质功能,对学生实施素质教育,促进学生素质的综合性提高。

## 2. 多元文化与中国传统武术文化在理念与内涵方面的差异

(1)多元文化与中国传统武术文化在理念上的差异

世界上的不同民族,运用自己特有的民族传统与思维方式从不同的层面来表述对真理探索性的认识,这就形成世界文化的多元性。虽然语言不同,名词术语不同,但对于自然规律的揭示却是惊人的相似,这又构成了世界多元文化的共同性。多元文化的发展要求既充分承认不同文化之间的差异性,也要尊重文化的历史传统、文化精神、价值取向和现实形貌,同时又能够宽容其差异性,并与异质文化容纳共处,从而形成一种"和而不同"的良性关系状况。无论是世界性的现代化进程还是多元文化的自身发展,都要求现代条件下的多元文化在保持其文化精神的前提下,能以更加开放的姿态吸纳异质文化的优质要素,从而也与时俱进地实现自身的文化变迁,这不仅是多元文化间的一种有效的文化调适,更是多元文化应对现代化进程、实现多元文化自主发展的有效方式和必然路径。中国传统文化的"和合"思想博大精深,是中华文化的核心理念。对自然与社会各种事物的复杂性、差异性及其相互之间的矛盾互补、和谐统一,做出了精辟的归纳与概括。而作为中国文化子系统之一的传统武术文化,不论其实践或理论都必然受到这一中国哲学文化的深刻影响。中国传统武术文化不仅仅是一种简单的技艺,它更是一种思维方式,一种能反映与代表中国传统"和合"文化立场的文化符号。

"和谐世界"这一理念蕴含了中国文化的传统精髓,契合人类历史之大势,是在经济全球化、世界多极化、文化多样性的当代背景下提出的一种深刻思想和重要理念。无论是"和"还是"合",都不是强调绝对的"同一",而是"和而不同",即指有差异、有特性的事物和谐共处。武术文化中所有这些"和合"的观念,都将成为导引人类历史和文化健康发展的正确道路。

(2)多元文化与中国传统武术文化在内涵上的差异

世界多元文化是一个人类认识文明的共性文化所产生的一体文化,世界不同族群的人民是一个互相依存的生命共同体! 文化是人类社会文明生活的客观写照,文化是对宇宙人生真相的揭示。不同地域、不同族群的文化形成,都有各自的历史的渊源,人们都从不同的角度、运用不同维次的思维方法来认识周围的世界,于是就形成了丰富多彩的世界多元文化。

中国传统武术文化受中国文化的影响而专注于人内心的发掘,说到底也就是专注于人的道德修养。中国传统武术以中国优秀的传统文化为内在精神,追求整体性、内外合一、形神兼备、身心和谐,体现了中国哲学的特点;传统武术套路中不仅含有攻防技击性,同样具有美的观赏性和独特的艺术成分;它与导引吐纳相结合,使其在本来健身的基础上又增强了其独特的养生功能。中国几千年的文明孕育了人们的武术情结,使之成为一种民族生活方式的体现,使武术在中国这个古老而文明的国家具有很强的民族凝聚力,承载着民族文化的内容和精神,起到弘扬和凝聚民族精神的作用,增强了国人的民族责任感和民族自尊心。因此,我们要正确看待多元文化和中国传统武术文化,尊重差异性,发展互补性,拓展普适性,加强沟通交流借鉴,促进文化多样性的繁荣发展,为丰富世界体育文化和弘扬中国体育文化贡献力量。

### 3.多元文化与中国传统武术文化的互动

在全球经济一体化的今日,中国传统文化与西方文化、多元文化的关系,自然引起人们的关注。多元文化给中国传统文化以巨大的冲击,使多元文化的趋势得到强化。世界是多元化的,全球化并非单一化,既不是西方化和美国化,也不是东方化和中国化。应该承认多元文化具有普世性,并不否认东方优秀文化同样具有普世性。多元文化与民族传统文化的关系,应该是多元民族的全球化和全球文化的多元民族化。

多元文化不仅仅是指在全球范围内不同民族文化的共存互动,更重要的是,多元文化还是一种新思维,它要求人们从传统的一元思想方法转变到多元式的思想方法。文化不应该仅仅属于一个族群,而应该属于整个人类社会。一个成功拥有多元文化的国家,应该能让这个国家中的所有不同的文化都成为这个国家新文化中的一个不可或缺的组成部分。对传统文化应有尊重态度,传统文化是历史的遗产,后人是无法割断的,必须承认它的客观存在,就不能以简单的态度粗暴地去批判它。尊重中国传统文化,让它与世界多元文化更好地互动是关键的。

人们有时会对多元文化的发展产生误解,认为多元文化会阻碍传统武术文化的发展,然而事实是,在与多元文化的互动中,传统文化得到了更多的保护和发展。正是因为处于一个多元文化的环境中,我们应该更加深对我国的传统武术文化的关注和宣传。同时,在与其他多元文化交流的过程中,又让其他人加深了对我国传统武术文化的认识,从而促使他们积极对其进行继承、发展和完善。就这样,通过多元文化相互交流,各国、各地区、各民族在不知不觉中更好地完成了保护我国传统武术文化的使命。保护传统文化并不意味着放弃国际交流,应积极应对全球化所带来的挑战。与之相反,我们应当全面地看待问题,充分利用全球化带来的机遇,将多元文化的国际交流变为保护传统文化的重要途径。

### (二)多元文化发展对武术文化发展的有利影响

多元文化作为当代世界文化彰显的一种发展潮流,具有强大的生命力,它对文化、社会和人本身有着积极的、不可替代的作用。一个国家或民族文化的进步,离不开文化传播的健康进行。没有交流的文化系统是没有生命力的静态系统;断绝与外来文化信息交流的民族不可能是朝气蓬勃的民族。中华武术在其发展历程中秉承了祖先的包容心态,在与其他文化的对话中获得了新的思想资源,拓展了武术的外在表现形式,丰富了武术的内涵,使得中华武术绵延数千年不仅没有中断,反而不断得到更新、丰富和发展。时过境迁,人事俱非,武术与"他者"交流的内外部环境早已今非昔比,信息技术和传媒技术的高速发展使得人们每天能够获取和拥有的信息量剧增,各种信息之间的交流会更加密切,而且随着文化热的兴起,文化研究受到了前所未有的关注。由于文化具有"终极竞争力"的作用,因此在和平环境下,各种不同文化间的竞争、渗透与演变成为一场没有硝烟的战争,作为中国传统文化杰出代表之一的武术,如何与异质文化实现良性互动,并发挥先锋作用将是武术跨文化交流所必须面对的问题。

## 1.积极推动中西方文化交流

在全球化的大背景下,不同的文化会在不同范围通过各种形式、途径进行不同程度的交往与碰撞,在保持文化个性化、多样化、多元化的情况下促进人类文化互相理解和彼此尊重,进而达成某种价值共识和价值共享,实现文化的繁荣。国外把中华武术视为东方文化的代表之一。中华武术对世界体育文化生活也产生了极大的影响:目前已有一百多个国家和地区开展武术运动,出现了一股"武术热""功夫热",从而推动了国外武术运动的开展。不少国家和地区请中国教练去传授武术或派出人员来华参观学习,我国也多次派出团队进行表演、教学、传授,形成了广泛的民间文化交流。随着许多国家和地方出现的"武术热",世界上武术团体纷纷成立,推动武术向广度和深度发展。20 世纪 80 年代在多国武术组织的共同倡议下,先后成立了亚洲武术联合会、国际武术联盟、南美洲武术联合会、国际武术联合会。近年来国际武术比赛频频举行,促进了各国武术技术水平的提高。自国际武术联盟筹委会和亚洲武术联合会以及国际武联成立以来,已经分别举办了多届亚洲武术锦标赛和国际武术邀请赛。

国际体坛的繁荣,依靠于各民族、各国家体育的发展。强调文化的多样性是为了尊重人类文化的优秀传统,使它们都以自身的民族特色汇入到世界体育运动的大潮之中,从而避免单一文化的诸多弊病,发挥各种文化优势的互补作用。全球化的过程,是不同民族文化的共同生存和发展的过程,它强调所有文化都具有平等价值。目前,当今体育提倡"互相了解、友谊团结、公平竞争"体现了一种博大的人文关怀,这无不渗透着中华文化的人文内涵,这种人文内涵也不可避免被融汇到武术运动之中。而在这两种文化相互交融的过程中,铭刻着民族血脉和精神的民族文化无疑会成为两种异质文化碰撞的焦点,一种文化想在"他者"开花结果,必须在两种异质文化之间互动,这就涉及文化交流与传播。武术如何在中西文化交流中既保持自己的"话语权",又能同异质文化实现良好互动是所有武术人都必须面对的一个现实课题。

### 2. 积极发掘民族文化资源

从多元文化视野观之,任何民族的文化形态都是相对独立而且有个性的,对世界文化都有着不容替代的意义和魅力,因此必须对本民族丰富的文化传统、文化资源进行积极的保护发掘,从文化个性培育的视角出发,就是要将民族文化传统中的优秀成分,转化成在当代具有全球意义的文化价值资源,进而对世界文化做出独特的贡献。

因此我们应抱着拯救传统武术的想法,虚心向传统武术家请教,注重传统武术中历史文化内涵的挖掘和整理,再度审视中华传统武术的闪光点,主要对其历史文化渊源与理论部分进行挖掘与整理。武术的发展融会贯通着浓郁的本土文化与民族特色,是与中国文化相结合的产物,是人民群众智慧的结晶。只有认真研究其历史渊源与文化底蕴,探讨它在各个历史发展阶段中的作用和特点,正确认识它与人类其他社会现象的相互联系,找出其中的必然性与规律性,才能对今天的武术实践及武术发展产生深远的影响。① 这些成果将为今后武术的训练、竞赛、教学、科研、群

---

① 汪百祥."羲皇故里"天水:地域性传统武术的演进与门派[J].南京体育学院学报(自然科学版),2013(2):133-136.

众武术的普及发展提供丰富的内容和参考,只有如此,发掘工作才有意义,才有成效,也给武术的可持续发展注入了不竭的文化动力。

### 3. 打造多元文化和武术文化的融合效应

21世纪是世界多元文化融合的世纪,在世界多元文化融合化的潮流中,融合是最佳化的文化方式的选择和最优化的价值导向。要客观地认识与理解自身文化是困难的,而突破这个难点的最好办法就是同多元文化的接触和交往,在更高的深度上理解它。这样才能从自身文化及支撑这一文化的价值中获得自由。

文化融合是异质文化之间通过相互接触和交流,不断融汇并不断创新的过程。与文化冲突相反,文化融合强调不同文化之间的互补和互惠关系,并力图在互相尊重的基础上达到共生和互赢的目的。

文化融合与文化冲突一样在人类历史上都是客观存在,并都对人类的历史起到着重要的作用,但结果却相差甚远。

融合不仅是中华民族多元文化所整合的世界文化的融合,它也能使我们有机会见识和欣赏来自全世界的各种优秀文化,武术文化是我国最具代表性的传统文化,也是具有民族特色和中国风格的文化,也代表着中华民族的当代精神品格的民族文化。文化融合不是丢掉民族文化的独立性,恰恰是维护民族文化的独立性。中国传统武术文化本身就是不同文化之间相互融合形成的,这种文化体系承认和尊重各种不同文化之间的差异、冲突,并认为一定程度冲突的存在是文化得以发展的动力、文明得以保持的来源。人们首先要认识自身的文化,理解多元文化,才有条件在多元化的世界里确立自己的位置,与其他文化一起取长补短,共同建立一个大家认可的基本秩序。在20世纪的相当长时期内,全盘西化和排斥传统文化的观念曾经长期占据上风,使中国传统文化迅受到了沉重的打击和断裂。因此,不仅意味着武术文化同西方文化的简单融合,还意味着武术文化应和多元文化更好地融合。

### 4. 传统武术文化蕴含着丰富的经济资源

面向国际市场,武术产业作为文化产业的一个分支,对武术资源进行产业化开发,从资源属性角度看,武术资源开发可以分为武术自然资源和武术人文资源两大资源类型的开发。武术自然资源指有形的武术资源,主要包括武术胜地、武术流派发源地、武术名家故里、武术器械等,武术人文资源是人类自身通过劳动提供的资源,主要包括武术人才、武术技术、武术文化等,开发武术资源就是指的这两类资源。

其一,开发武术自然资源,可采取武术与旅游相结合的方式来传播武术。我国有着丰富的武术自然资源,例如河南少林寺、湖北武当山分别是佛教和道教圣地,又是少林武术与武当武术的发源地,极具旅游价值。而且我国的旅游市场有大量的国外客源,为此提供了前提条件。因此,将武术名胜景点、武术流派发源地、武术名家故里进行开发、创意和包装,在武术胜地开辟武术旅游专线,在旅程中安排武术表演,开展武术健身活动和武术知识讲座,通过学习简单的武术拳术等多种丰富多彩的形式让外国人在旅游中体验武术的健身、娱乐、医疗、养生和休闲的作用,亲身感受武术所带来的欢愉,体验武术文化的魅力,发挥环境熏陶人的作用,让其身临其境地了解与学习武术,达到"随风潜入夜,润物细无声"的传播之效。

其二,利用武术人文资源的产业开发来向世界传播武术。武术人文资源的开发包括:

(1)武术人才资源的开发

武术人才资源是武术资源中最宝贵和最关键的资源,包括武术各流派传人、优秀武术运动员和教练员、民间拳师等,他们是推动武术向世界传播的生力军。必须大力把人才资源开发出来,加强对其综合素质的培训,引向国外,拓展国外武术培训市场,提供外国人学习武术的机会,拉近武术与国外受众的距离,使武术得到更加亲近的传播。

(2)武术技术资源的开发

武术拳种丰富,流派繁多,武术丰富多样的技术门类是武术竞赛表演业、技能培训业、健身娱乐业、武打影视业等赖以存在发展的源源不断、取之难尽的财富。将它们开发到国外,建立一个完整的武术产业体系,可以适应国外武术消费者的多方面的需求,推动武术在世界的传播。

（3）武术文化资源的开发

武术根植于中国传统文化的沃土，吸取了古典哲学、伦理学、兵学、中医学、民俗和美学等传统文化精髓，武术内涵型资源可开发和利用的空间很大。例如武术中的对抗谋略资源和武术伤科秘方资源都极具开发价值，但目前工作还做得很不够。今后要大力开发武术文化资源，可以更好地将武术推向市场，实现经济价值，为武术的传播积累资金，增添武术自身的文化魅力。

### 5. 提倡全民健身，举办社区民族武术交流活动

随着社会主义市场经济体制的建立，体育事业走上社区化的发展之路。加快社区民族武术的发展步伐，是社区民族武术在市场经济新形势下的必由之路。

社区武术受到世界各国人民的喜爱，拥有广泛的社会基础。《全国健身计划纲要》实施以来，我国群众体育的社会化进程发展迅速，体育协会成为开展群众体育活动的有效组织形式。社区武术协会在国外同样具有广阔的发展前景，开展国际社区武术协会不仅有利于社区武术的国际化发展，也将推动中国武术走向世界。同时，要加强对社区武术健身理论工作，推出科学、有效的健身方法、编排短小、简练、易学、便于推广的套路，使社区武术更好地服务于人类健康。

社区武术的最大特点就是通俗性，以顽强的生命力在社区广泛传播，这表明社区武术具有广泛的社会适应性。社区武术独特的文化孕育氛围，使其不仅有良好的健身、技击功效，而且蕴含着丰富的文化内涵，通过习练社区武术不仅能强身健体更能体悟人生真谛；使人们在紧张的社会生活当中既能得到形体的锻炼，又能超脱生活中的痛苦与烦恼，保持心情的欢愉。全面建设和谐社会为武术社会发展创造了新的机遇，积极发挥社区武术在全民健身当中的作用，提高全民族的健康素质，是武术社区化的健康发展的重要方面。社区武术的社会化发展有两层含义，一是社区武术要服务于社会大众；二是要依靠社会力量来发展社区武术。社区武术若被确定为正式体育交流项目，这对社区武术的发展具有十分重要的

意义。

### (三)多元文化背景下推动我国传统武术传承与发展的策略

#### 1.积极加强中西方文化的交流

全球化时代,丰富多样的文化和意识形态相互摩擦与碰撞,人们也达成了一定的价值共识,这为世界文化的繁荣提供了基础与前提。我国传统武术文化对世界文化的繁荣发展起到了不可磨灭的作用。现阶段世界上开展武术运动的国家与地区已经超过百个,这极大地促进了我国武术运动的对外发展与世界体育文化的繁荣。此外,世界上邀请我国武术教练去担任武术教练员或指导员工作的国家和地区也不少,而且很多国家都派了专门人员来我国习武,我国也经常派武术代表队去不同的国家表演,并派相关人员去推广与传授我国传统武术运动,这样,中西之间的文化交流就显得日益频繁。

随着我国武术运动的发展及其国际影响力的扩大,国际武术联盟、国际武术联合会等多种形式的组织在各国武术组织的共同倡议下相继成立,许多亚洲武术锦标赛和国际武术邀请赛都是由这些组织承办的,可见武术组织对推动武术的发展和交流做出了突出的贡献。

各国优秀体育文化的融合促进了国际体育运动的火热发展,而且各国体育取长补短,促进了国际体育发展的多元化,国际体育中,各民族体育文化形式的共存体现了竞技体育的平等、竞争、公平、公正性等精神,这些精神与我国传统武术文化相互交融与碰撞,有力地影响了传统武术的传承与发展。

#### 2.对多元文化和武术文化的融合效应进行打造

各民族对自身文化的客观认识与理解存在一定的局限,而且很难全面深入地理解本民族文化。通过多元文化的交融来加强对自身文化的认识与理解是突破这个难点的关键,在多元文化视角下认识本民族文化,能够在更高的深度上得到相应的理解,如此才能从自身文化及支撑这一文化的价值中获得自由。异质文化之间的交融与接触是实现文化融合的基本途径,在这一途径中,各种文化相互尊重、互补互利、相互促进,并在此基础上为了共生和共赢的目标而共同努力。在人类社会的发展中,文化融合与文化冲突的存在都具有客观性,而且文化的这两方面变化趋势都深刻地影响了人类的发展历史,但影响的结果却不同。文化的融合促进了人类的和谐发展,使人们有机会对各种优秀文化进行欣赏。

中华民族的传统文化精神在我国传统武术文化中有集中的反映,我们在加强武术文化与其他文化相互融合的过程中,应该对武术文化的相对独立性进行维护,并在融合过程中对我国武术文化的独特本质加以充分的认识,如此才可以在世界文化中明确我国传统武术文化的定位。

全盘西化和排斥传统文化的观念曾长期影响着我国文化的发展,包括武术文化在内的中国传统文化也因此而遭受了重创。造成这一局面的原因不仅在于我国传统文化裹足不前,更在于人们思想与价值观存在盲目性。因此,在之后的传统武术文化发展中,我们应克服盲从的认知,以辩证的视角来推动武术文化与其他文化的融合。

### 3.倡导全民健身,举办社区民族武术交流活动

在市场经济环境下,社区民族武术运动的发展离不开对全面健身的倡导和相关交流活动的举办。武术运动在我国拥有广泛的群众基础,然而社区武术的组织却相对处于松散状态,组织与管理方面的工作还不到位。武术协会的举办在我国取得了一定的成果,其在国外的发展前景同样一片光明,因此,要推动我国社区武术的国际化发展,促进我国武术运动在更大的舞台上展示魅力,就需要开展相应的国际社区武术协会。

在发展社区民族武术的实践过程中,要加强对社区武术健身理论体系的构建,对有效的健身方法进行科学选择,对短小、简练且易学、易推广的武术套路进行创编,从而使社区居民在参与过程中达到良好的效果。社区武术具有突出的通俗性及广泛传播性特征,这正是其顽强生命力的表现。社区武术的文化孕育氛围具有独特性,因而其不仅健身功效显著,而且文化内涵丰富。社区居民参与该项运动锻炼,不但可以增进健康,而且能够从中对人生的真谛进行感悟,从而获得身与心的全面放松。

随着社会的日益进步,和谐社会构建进程的不断加快,传统武术的社

会发展面临着新的机遇,传统武术要在这一机遇中实现健康快速的发展,就需要充分发挥自身在全民健身中的价值与影响,促进全民族人民健康素质的提高。

### 4. 在保持文化个性的基础上推动文化的多元化发展

在全球化大背景下,国家和民族的文化都需要置身于世界文化的大家庭中才能获得新的突破与发展,因而要摆脱传统的封闭发展模式,加强与世界文化的交融与融合。

各民族传统文化在全球化中呈现出了新的发展特征。各民族文化的相互交流与融合因为全球文化的一体化而进一步加强,民族文化保持一定的开放性才能获得更长远的发展。世界文化的存在与发展都离不开民族文化,但在全球环境中,民族文化的发展也能以牺牲自身风格与个性为代价。当前我国积极倡导与国际接轨,接轨的过程中我们首先要保护好文化的民族性,倘若文化的民族性与风格丧失,那么我国的文化也就毫无生命力可言。

多元文化共同构成丰富多彩的全球文化,全球文化的发展实际上就是各民族多元文化的发展。世界文化的形成与发展以民族文化为基础和前提,没有这一基础,世界文化无法形成,更谈不上多元发展。

综上,在全球化的今天,我们应对传统武术文化进行积极的弘扬,促进武术文化中民族精神实质的不断深化,在保持传统武术文化个性的基础上促进其在多元文化浪潮中的进一步传承与发展。

# 参考文献

[1]高贯发.学校武术教育百年发展历程与前瞻[M].北京:中国社会出版社,2022.

[2]石萌.武术教育的当代价值及多元发展探索[M].长春:吉林出版集团股份有限公司,2022.

[3]李富刚.中华武术套路的美学研究[M].上海:华东师范大学出版社,2022.

[4]王稳.高校武术教育服务供给的优化研究[M].北京:中国原子能出版传媒有限公司,2021.

[5]王君鹏,赵宇航.当代学校武术教育价值与健身技法学练[M].长春:东北师范大学出版社,2021.

[6]童锦锋.传统武术教程[M].北京:中国财富出版社,2021.

[7]陈善平.传统武术和健康[M].西安:西安交通大学出版社,2021.

[8]罗珅.高校武术教师教学信念与教学效能研究[M].长春:吉林大学出版社,2021.

[9]冯锦华.中华武术文化理念与教育研究[M].北京:北京工业大学出版社,2020.

[10]丁花阳.新时代中华传统武术文化的传承与发展[M].长春:吉林人民出版社,2020.

[11]时保平.健康、传承、弘扬大学体育武术教育教学模式多元化构建研究[M].成都:四川大学出版社,2019.

[12]王健,孙小燕.中国武术文化的传承教育与可持续发展[M].长春:吉林人民出版社,2019.

[13]顾齐洲.中国武术文化与学校武术教育探索[M].哈尔滨:东北林业大学出版社,2019.

[14]黄海.中国武术文化与学校武术教育探索[M].郑州:郑州大学出版社,2019.

[15]程英俊.武术教育及其国际化推广研究[M].北京:中国水利水电出版社,2019.

[16]王运土.文化视角下武术传承与教育研究[M].北京:中国大地出版社,2019.

[17]李远华.全球化背景下中国武术的传承与发展研究[M].长春:吉林大学出版社,2019.

[18]贾俊刚.传统武术教育与项目开展管理研究[M].北京:中国商务出版社,2018.

[19]董英辉.高校武术文化教育的思考与探索[M].青岛:中国海洋大学出版社,2018.

[20]刘国立.传统武术文化传承与教育研究[M].成都:电子科技大学出版社,2018.

[21]杨新.素质教育引领下的武术教学设计与应用研究[M].长春:吉林人民出版社,2018.

[22]冯文杰.中华武术的现代传承与发展[M].北京:中国商务出版社,2018.

[23]刘海科.武术教育与发展通论[M].武汉:湖北科学技术出版社,2017.

[24]段丽梅.武术身体教育之研究[M].北京:人民体育出版社,2017.

[25]罗雪琳.武术运动发展传承与教育[M].延吉:延边大学出版社,2017.

[26]徐飞,李胜达.高校武术文化教育及项目学练[M].北京:九州出版社,2017.

[27]彭志辉,高红斌.文化全球化背景下的武术教育传承发展[M].长春:吉林大学出版社,2017.

[28]王国成.传统武术文化传承与发展研究[M].北京:华文出版社,2017.